Simone BRUNET-AUGUST

La voix

– La quête de l'origine –

Editions S.d.E

Sur simple demande adressée aux Éditions
Société des Écrivains, 147-149, rue Saint-Honoré, 75001 Paris,
vous recevrez gratuitement notre catalogue
qui vous informera de nos dernières publications.

–

Texte intégral

ISBN 2-7480-1662-9

À Abram et Sarah, mes parents
À Jean-Paul, mon mari
À Nathalie et Delphine
À mes petits-enfants
Sarah, Clémence et Théo
À tous ceux que j'aime

PRÉAMBULE

Quand l'amour dans ta voix soupire,
Quand la haine y gémit des coups qu'elle a frappés,
Quand frémit le courroux, quand la langueur expire,
Quand la douleur s'y brise en sons entrecoupés,
Quand ta voix s'amollit et lutte avec la lyre,
Ou que l'enthousiasme empruntant tes accents,
Emporte jusqu'aux cieux, sur l'aile du délire,
Mille âmes qui n'ont plus qu'un sens !

Lamartine

PRÉFACE

Les nazis ne réussissaient pas toujours à assassiner les familles entières. Les hommes et les femmes que l'on faisait monter des wagons à bestiaux et que l'on déportait vers les camps d'extermination laissaient parfois derrière eux des enfants, voire des bébés. Leurs dernières lettres, jetées du train, témoignent d'un courage et d'une lucidité remarquables face à la mort qui se profile ; mais leur plus vive inquiétude est réservée à ces enfants, désormais privés d'amour. Ces parents qui partirent seuls firent-ils le sacrifice suprême ?

Simone Brunet-August fait partie de ces enfants délaissés par pressentiment, soustraits à la barbarie des nazis pour être cachés à la campagne ou dans des institutions. La petite Simone de *Parole d'étoiles,* le beau recueil de textes rassemblés par Jean-Pierre Guéno, fut d'abord envoyée dans la Nièvre, chez l'ancienne femme de ménage de ses parents. À la campagne, on fit glaner dans les champs la petite citadine juive. Puis elle fut confiée à des religieuses de Fontenay-aux-Roses. Tandis que les autres enfants étaient chez leurs parents, elle fêtait Noël seule au dortoir. Enfin, elle fut placée au préventorium du Bourg-d'Iré, dans le Maine-et-Loire, où l'on baptisait « par fournées de neuf ou dix ». La nuit était peuplée de revenants, d'enfants somnambules, de chiens qui hurlaient. Vers 1944, des avions se mirent à vrombir au-dessus des têtes ; la Libération approchait.

La libération approchait, mais les parents allaient-ils revenir ? Abram et Sarah, les parents de Simone Brunet-August déportés parce que juifs, hantent ce récit. Le père, un dentiste bessarabie en parlant huit langues, né à Cahül comme ma mère, eut la chance d'être sélectionné pour le travail ; aguerri, il réussit à survivre à Auschwitz, puis à Dachau et à Buchenwald. Après son rapatriement, il ne trouva personne à l'hôtel Lutétia et dut chercher un toit, son appartement étant occupé par la veuve d'un collaborateur ; il décida d'émigrer en Israël. Sarah, elle ne revient pas. Elle périt au camp d'extermination d'Auschwitz-Birkenau sans avoir revu ni son mari ni ses enfants.

Cette déchirante autobiographie est un chant d'adieu, un psaume qu'on récite pour la mère perdue. Mais y a-t-il un moyen de retrouver les êtres chers réduits en cendre ? Comment rendre hommage à ces parents si terriblement absents qu'ils n'ont cessé de nous accompagner tout au long de notre vie ? Au-delà de ce vide, l'entendement se heurte à d'affreuses énigmes. Peut-on concevoir des familles séparées, détruites en quelques heures, peut-on imaginer la déshumanisation, la mise à mort industrielle, la destruction d'un peuple et d'une culture au cœur de l'Europe ? En France, la vindicte du régime de Vichy a livré Juifs français et Juifs étrangers au fanatisme criminel des nazis. Après la rafle du Vel' d'Hiv', écrit Simone Brunet-August avec une amère ironie, « Paris est propre : ma mère est arrêtée ».

Pourquoi cet acharnement, pourquoi cette cruauté en plein milieu d'une guerre mondiale ?

L'auteur n'entend pas trancher ; elle ne fait que s'interroger indéfiniment, soulever des questions sans réponse, dessiner les contours d'une absence, chanter la mémoire des disparus. Devenue adulte, elle se rend à Auschwitz et cherche, alors que tout a disparu, la flamme des cheminées dans la nuit, la file des gens massés sur la rampe, la silhouette de son père en pyjama rayé, l'angoisse de pauvres hères faméliques, l'odeur écœurante de la chair qu'on brûle. Sur le bord du chemin, elle cueille une marguerite qu'elle appelle maman – manière de fleurir avec tendresse une tombe qui n'existe pas.

Comme le motif floral, la musique a une place cruciale dans ce récit. L'émoi des incantations et le dialogue des voix s'y entremêlent. Les morceaux de musique, *La mer* de Debussy ou le *Requiem* de Penderecki, entourent la figure d'une mère trop tôt disparue. L'âme des parents s'incarne aussi dans la mélodie de leur langue. Simone Brunet-August se souvient que le yiddish faisait « résonner en eux un vibrato, une douce mélodie ». Partir sur la trace des parents, c'est aussi se remémorer des berceuses, des mots d'une culture yiddish que les pogroms puis la Shoah ont presque réussi à annihiler.

Nous arrivons à un âge où il devient indispensable de témoigner, pour nos enfants et petits-enfants, mais aussi pour tous les autres qui ont eu la chance de grandir en temps de paix auprès de leurs deux parents. Il nous revient alors des voix, des chants, des souvenirs venus de loin :

Lialkele, lialkele	Petite poupée,
Ay lu-lu	Do do,
Dayn mame vist dikh	Ta maman te berce.

Comme ces lignes, l'autobiographie de Simone Brunet-August permet de renouer un lien entre les enfants et leurs parents défunts, entre les survivants et les morts de la Shoah.

Serge Klarsfeld est Président des Fils et Filles des Déportés Juifs de France [FFDJF]

La voix, qu'est ce que la voix ? Non, non, pas de discours scientifique. J'ai l'ouïe affinée et je reconnais très vite une personne à sa voix. La voix, c'est peut-être ce qui me touche le plus. C'est une quête ; ce n'est, bien sûr, pas n'importe quelle voix que je cherche, mais *sa voix*. J'ai beau savoir depuis bien longtemps qu'elle est perdue à jamais, partie on ne sait où dans l'azur, que plus jamais ses harmoniques ne m'atteindront, l'inconscient cherche toujours.

La Voix ! Qu'est ce qui distinguera la voix humaine du cri de l'animal ? Le symbole, me direz-vous. Qu'est ce qui distinguera « la voix humaine » de Cocteau, du grondement de toutes les Révolutions ? Compréhensibles, lorsqu'il s'agit des forçats de la faim, des femmes à Versailles hurlant « du pain, du pain », de ces êtres que la soif étreint sur le Radeau de la Méduse.

Mais qui justifiera le hurlement des Cosaques incitant aux pogroms ? (Le jour de Pâques, les Juifs sacrifieraient un enfant goy !!!, ils sont avides de sang. Et s'ils ne le font pas ils pourraient le faire, ils aimeraient le faire…)

Qui justifiera le charivari, les vociférations et interprétations erronées, par des fanatiques, du Coran ? Il ne s'agit plus de Charité, amour extatique de Dieu, et par conséquent de son prochain, il ne s'agit plus de la voix et des écrits humanistes d'Averroes qui éclairent.

Un enfant naît. Qui pourra encore entendre le premier cri de l'humanité, celui par qui tout est possible, par qui tout est devenir ? Ce cri terriblement poignant, qui n'est encore qu'un vagissement. Ce moment suspendu où tout va se jouer. L'air pénétrant brutalement dans les poumons, déplisse les alvéoles dans un crissement terrifiant. L'oxygénation brutale du sang et le cri, tous les cris, du plus faible au plus tonitruant, du plus triste au plus gai, qui nous font rire ou pleurer.

Il crie, une âme est née. À chaque fois il se passe quelque chose d'émouvant dans une salle d'accouchement. On ne s'en rend pas forcément compte, c'est souvent si douloureux et les cœurs ne sont pas tous au même diapason.

J'aime la voix humaine, j'aime cette matière sonore ; je suis sensible aux variations de son timbre, de sa hauteur, de sa couleur, de son intensité, de son rythme. Je l'aime quand elle est sussurrée à l'oreille, mais aussi quand elle chante ou se plaint.

J'aime quand elle dit amour et non pas haine.

J'aime quand elle lit un conte à un enfant.

J'aime aussi les messes et les requiems, Mozart, Berlioz ou Ligeti, mais si vous le pouvez, de grâce, chantez-les moi en majeur ! Alors j'écoute le requiem de Fauré. Il est plénitude, calme, paix et m'aide à avancer.

Je ne sais pas, comme le disent certains, si cette musique est bien ou mal construite, si elle est géniale ou bourgeoise. Je sais que les voix séraphiques sont pour moi. Que la mort y est transfigurée en commencement. Cette musique repousse mes limites et m'impose l'évidence de mon renouvellement.

Alors pourquoi est-ce que je ne connais pas *sa* voix ?

Pourtant j'aurais aimé savoir, connaître, j'aurais aimé que ses ondes me transpercent, qu'elles s'inscrivent à jamais dans mes cellules, dans ma mémoire. Je n'ai peut-être pas été suffisamment vigilante, enfermée que j'étais dans ma souffrance corporelle. Égoïsme que tout cela !

I

Quelles sont les lois ? Quels sont les hasards qui permirent votre rencontre, qui firent que dans un élan d'amour, sans penser aux conséquences, dans une fusion totale, sans rien comprendre, vous peuplâtes la terre ?

Tu es Polonaise, mais non, tu es Juive ; tu es née à Varsovie, mais non, dans son ghetto. Pourquoi dis-tu : dans son ghetto, puisque lorsque tu nais, il ne s'agit encore que du Yddishland, zone de résidence ?

– C'est déjà un ghetto !

Tu n'as plus de mère. Alors dès que tes jambes te portent, tu fuis. Quoi ? l'horreur ? elle te rattrapera.

Il est Russe, mais non, il parle roumain. Le nom de sa terre ? Bessarabie. De toute façon, il parle huit langues.

Vous vous rencontrez à Paris ? à Bruxelles ? terre favorite des émigrés. Vous vous mariez à Bruxelles, migrez vers Metz, le Luxembourg, la Hollande ; puis retour à Paris sans papiers, vous êtes déjà des sans papiers, vous revenez avec deux bébés dans les bras.

Rue de la Goutte d'Or, rue de Douai, rue des Dames, Paris s'ouvre à vous.

Dans vos pays d'origine, vous aviez tellement l'habitude d'être chassés de vos pauvres maisons, de vos pauvres villages. Était-ce vraiment des villages ? vous viviez entassés dans des masures. Dès qu'un peu de bien apparaissait, cela créait des jalousies et, dans le meilleur des cas, vous étiez dépossédés. Alors vous erriez, vous alliez dans le shetl le plus proche, des familles entières migraient vers la ville. Il y avait peut-être un peu de travail à la ville voisine, à Galatz Bessarabie ? Une cousine vous donnerait un morceau de pain, même si elle le retirait à ses propres enfants. Il y avait peut-être des gens un peu plus riches, des commerçants, petits, bien sûr. La bourgeoisie juive, plus ou moins grande, n'était pas plus généreuse que les non Juifs.

– Mais arrêtez-vous donc, vous êtes en France, pays des droits de l'Homme, il ne peut rien vous arriver !

Un peu de repos, beaucoup d'amour. Votre langage commun est la fusion de vos corps. Tu l'absorbes, il est toi, tu l'enfantes, tu es deux, tu es mille, tu es toi.

Abram, ton grand enfant, plus deux qu'il te donna, plus une dont on ne veut pas – évidemment c'est moi – plus une encore à laquelle on se résigne. Ouf! c'est la guerre, toute procréation s'arrêta. Cette maudite dans son grand souffle de haine vous emporta.

Sha, Sha, disait le grand-père, ne t'essouffle pas, ne saute pas les étapes, raconte, raconte, mais un peu d'ordre que diable !

Pourtant, il me souvient du grand voyage qu'entreprirent mes parents. Je l'ai vu en rêve. Peut-être durent-ils pour se retrouver, semblables à de grands mammifères marins, traverser les mers et les glaces polaires ; trouvant la paix sur une banquise, ils purent effectuer le grand acte d'amour, avec pour seuls luminaires les mille étincelles provoquées par le soleil sur les glaces éternelles.

*

* *

Des circonstances de leur naissance, je me dois de parler. Nés en terre lointaine, enfants aux yeux légèrement bridés, ils étaient de nulle part et d'ici. Ils regardaient loin, loin, audelà de la vie. Bruns, châtains, les pommettes hautes, étaient-ils de là ou d'ailleurs ? Qu'importait ?

Leur sang était-il mêlé à celui des hordes sauvages venues d'Asie ? Une de leurs aïeules, lors d'un pogrom, avait-elle été violée et par qui ? Ils étaient, cela seul importait.

Ils étaient poussière d'éternité, combien de fois réincarnés ? Ils étaient tout l'Univers et infime particule.

Lorsqu'ils naquirent, ils apprirent le rien, les ténèbres, le néant. Rien ne leur serait épargné, en étaient-ils conscients ?

Dante ne se trompait-t-il pas lorsqu'il affirmait que la vie humaine était Purgatoire ? Pour eux ce fut l'Enfer, sans Virgile pour les guider.

Ils étaient oiseaux migrateurs d'une race particulière puisqu'ils ne pouvaient revenir à leur point de départ. L'inné en eux aurait dû les ramener à leur terre d'origine. Quelle origine ? La Palestine ? Ils en avaient entendu parler puisque c'est l'histoire de la Bible, mais pour le moment, ils ne se sentaient pas concernés. De toute façon, elle était occupée par d'autres, semblables à eux ! Pas exactement d'ailleurs, puisque au cours des siècles, les physionomies avaient changé, le langage aussi. Ils n'étaient plus les mêmes. Les uns et les autres étaient pourtant fils d'Abraham, mais ils différaient sur le plan religieux. Rien de plus propice aux guerres que les religions. Par alternance, la terre avait été occupée par les uns et par les autres.

N'allez pas si vite, une petite respiration, un intermède s'imposent : Depuis 1432, date à laquelle Isabelle, dite la Catholique, avait chassé les Juifs de la terre d'Espagne, une forte émigration avait abouti en Pologne et Russie. Depuis 1881, à la suite de l'assassinat d'Alexandre II, l'existence de ces communautés, au milieu d'autochtones Russes blancs, proportionnellement de moins en moins nombreux, était devenue extrêmement difficile. « La zone de résidence » se resserrait. Russes, Roumains, Bessarabiens, Juifs, parviendraient-ils un jour à cohabiter ? L'histoire leur apprendra bien vite que ce n'était pas possible. Faut-il croire en l'Humain ? Répondez pour moi.

Oh vous! quelle espèce de voyageurs êtes-vous donc ? Un voyage ne s'entreprend pas, sans lieu, fût-il lointain, où l'on pourra se reposer, se désaltérer, projeter son espoir, son espérance en l'homme.

Notre but, auriez-vous aimé répondre, nous n'en avons qu'un : « VIVRE. »

Terre, parcelle galactique. Humanité, excroissance de la terre, nous sommes Toi, nous nous réintégrons à toi. Si nous ne sommes que cela, poussière, qu'importe hier et aujourd'hui. Mais si nous sommes conscience, pourquoi tant de barbarie ?

Si notre langage n'est que signal, alors nous ne faisons que survivre. S'il est symbole, comme nous le disent les linguistes, pourquoi si peu de communication ?

Sans l'échange, première loi de la physique, rien de possible.

Sans échanges entre les êtres, pas de vie en société.

Sans transfert, pas de relation humaine.

Sans amour, pas de vie.

La première fois qu'ils se virent, c'était à une soirée, chez des amis communs. Irréligieux l'un et l'autre, ayant perdu au cours de leurs migrations la pratique de leur religion. Ils aimaient cependant, le soir du Shabbat, retrouver un peu de chaleur humaine. Entendre à nouveau parler yddish faisait résonner en eux un vibrato, un égrégore, une douce mélodie.

Lialkele, lialkele	Petite poupée
Ay lu-lu	Do do
Dayn mame vist dikh	Ta maman te berce
Ister tsu	en ce moment[1]

Lui venait de Roumanie, elle de Varsovie. Cette langue restaurait entre eux un lien charnel. Mais le Yddish, plus personne ne voulait le parler, à part quelques parents et surtout grands-parents. Tous ces migrants s'étaient émancipés de la tutelle des Yessivah, on parlait russe, polonais même quelquefois english. Certains partis en Amérique du Nord en étaient revenus, croyant pouvoir bientôt trouver un havre, soit en Palestine, soit même en Afrique : Angola, terre promise ?

(1) A. Moskowitch.

Son sol était portugais et pendant quelques siècles, les autorités portugaises n'avaient pas été très douces avec eux. Puis on parla de l'Ouganda, pendant trois ou quatre ans la rumeur s'amplifia. Peut-être y avait-il une possibilité d'aller vivre là-bas, lui avait raconté son père. Ouganda! il fallait être vraiment dans un grand désarroi, pour penser implanter des Juifs sur ces territoires. Dans des déserts si chauds et si arides.

Ils pensaient, pour la plupart, être en transit. Ils avaient laissé au pays frères, sœurs, femmes, parents. Ils les feraient venir en temps voulu. Émigrer coûtait plusieurs centaines de roubles et ils n'avaient pas de quoi s'acheter du pain.

Les amis préparaient ces retrouvailles en fonction de l'argent du moment, des bortsch qui ne coûtaient pas trop cher, en y mettant plus de légumes que de viande, avec leur goût un peu acide. Les cous farcis restaient exceptionnels, car trop chers. Les gâteaux au fromage étaient moins rares. Quelquefois deux brioches tressées, la halah, trônaient sur la table près des deux bougies. Casher, ils ne savaient plus trop ce que cela voulait dire. Pour se nourrir et ne pas mourir de faim, il avait bien fallu s'adapter à la nourriture occidentale.

Elle ? elle avait un profil merveilleux : un grand front, un nez légèrement recourbé, des pommettes hautes, un sourire énigmatique et permanent au coin des lèvres. Avec ses nattes en encorbellement au-dessus de la tête, ou bien ses cheveux retenus dans un chignon bien fait, avec quelques mèches ondulées sur les tempes et sur le front, elle se tenait dans des postures hiératiques. Les paupières légèrement rétrécies lui donnaient un air étonné. Elle était myope, et ne voyait le monde qu'au travers de ce prisme, ce qui le lui rendait peut-être plus supportable. Ayant senti un regard la transpercer, elle se retourna à demi, et ils échangèrent leur regard, ils échangèrent tout ce qu'ils possédaient. Une chaleur les brûla. Un courant les rapprocha l'un de l'autre. Sans un mot, leurs mains se joignirent paume contre paume. Tout était dit. Ils passèrent la soirée ainsi.

Elle l'entrevit à peine, elle était tellement myope et il faisait sombre dans la pièce. Était-il beau ou laid ? Elle l'aperçut à travers une brume. Ce qu'elle perçut immédiatement, ce fut sa force.

– Oui, il saurait la protéger, peut-être que rien de grave ne pourrait lui arriver.

Elle se trompait, elle le pressentait, mais elle ne pouvait ni voulait l'admettre, elle était tellement habituée à l'insécurité qu'elle voulait croire en cette force.

Simplement ils plongèrent leur regard l'un en l'autre. L'acte d'amour ne serait que l'aboutissement, la conclusion de ce qu'ils avaient déjà entrepris. Un long chemin s'ouvrait à eux ?

Les mots d'amour qu'ils échangèrent ce jour-là s'inscrivirent à jamais au tréfond de leur âme.

Son nom, à elle, était doux et sonore comme ceux des exilés que la houle emporta.

SARAH… HA

Débutait ainsi le désert de notre enfance.

II

Notre oreille, enchaînée au son qui la captive,
Voudrait éterniser la note fugitive ;
Et l'âme palpitante, asservie à tes chants,
Cette âme que ta voix possède tout entière,
T'obéit comme la poussière
Obéit, dans l'orage, aux caprices des vents.
Lamartine

– Je ne connais pas sa voix

– Pourquoi, elle était muette ?

– Je vais changer de psy, elle est trop nulle. Si vous m'écoutiez, au lieu de préparer votre intervention pour le congrès mondial de psychanalyse qui se tient en Argentine…

– Comment êtes-vous au courant ?

– Je suis là pour vous ou pour moi ?

– Bien, bien, reprenons. Je vous écoute.

– Nous ne reprenons pas, nous commençons. Je vous paie pour cela.

Ce discours est fictif, car en réalité je ne fonctionne pas comme cela. Je suis bien trop soumise, en début d'analyse, à ce que je crois être son savoir. Je suis trop bien élevée. Au fait, par qui l'ai-je été?

Eh oui, c'est moi l'analysant. J'ai bien un peu honte de ne pas savoir régler seule ces conflits, somme toute banals.

L'Humanité dans le meilleur des cas est névrosée, mais je crains qu'elle ne soit passée à la psychose. Je ne suis donc qu'un grain de sable dans cette névrose collective.

Je suis là pour acquérir une connaissance sur mon savoir, car la psy n'est pas là pour me dicter quoique ce soit, elle est là uniquement pour être mon écho, pour que mes mots venant buter sur son métier se réfléchissent et que moi je puisse entendre ce que je dis. Pour cela, une empathie est nécessaire, un tranfert positif aurait dit le bon Dr Freud.

– Bien, on y va?

– Oui, voilà, je suis Juive et mon histoire, comme celle de 6 millions d'entre nous, est tragique. Non, trente millions et plus, dont six millions de disparus. Je suis pupille de la Nation, comme mon frère et mes sœurs.

– Ah oui? Eh bien nous verrons cela la prochaine fois.

– Antisémite va! Mais, ça, c'est les premières fois, après on s'habitue. Il faudra que je revienne sur cette pseudo dépendance et celle docilité des Juifs. Elle leur fut tellement reprochée. Bien, Freud n'était-il pas Juif? Vieil homme, il quitta Vienne en catastrophe, et sa mère et ses sœurs furent déportées et moururent dans les camps. Fut-il docile? aurait-il dû rester?

Il y a seulement cinq minutes que je suis là, et trois autres personnes que je verrai pendant de nombreuses années sont en attente à côté.

La salle d'attente de ma psychanaliste est grise, marron, couleur pisseuse. Les tentures ne semblent pas avoir été refaites depuis le début du siècle. Presque au moment où débute cette histoire. Comment ferais-je pour venir là pendant de si nombreuses années ?

– Personne ne t'y oblige.

Il faut savoir que lorsque vous entreprenez une analyse, payer le psy n'est presque rien à côté de ce que vous êtes tenté de dépenser à côté. Vous sortez, le plus souvent exténué par ces quelques minutes ou dizaines de minutes, jamais autant chez les lacaniens. L'émotion est tellement forte qu'en sortant il faut se reconstituer, surtout si vous allez travailler ensuite.

La FNAC forum m'a beaucoup vue pendant ces années.

Ma psy, oui, non, je ne dirai pas son nom ou plutôt si, non, tant pis, non, c'est une lacanienne pure et dure, enfin je crois.

Sur le plan de la rémunération, elle fut d'une honnêteté sans faille, et moi je fus d'une régularité exemplaire.

Sauf, tout de même, une fois en sept ans, c'est raisonnable. Le nombre sept, comme les sept doigts de l'autoportrait de Chagall, signifiant : « Vas-y, marche, n'abandonne pas ».

Tout d'un coup, cette fois là, j'ai varié mon trajet, je suis descendue du métro et j'ai marché le temps de l'analyse. En arrivant chez moi, je lui ai adressé un chèque sans explication. C'était mon choix.

La fois suivante :

– Pouvez-vous me donner une explication ?

– Oui, je sais, c'est un passage à l'acte, ça peut s'expliquer mais je n'ai pas envie de le faire.

– Au-revoir. Elle se lève, pas très contente, et moi encore moins, je trouve qu'elle abuse un peu. La Fnac va encore en profiter.

Va-t-elle pouvoir entendre, comprendre ce qui se passe en moi ? Pourquoi une analyse si tardive ? Car oui, je ne suis plus toute jeune. Ayant tout fait avec retard, m'éveiller à la vie, sortir de la survie, terminer la scolarité, faire des études supérieures, savoir, savoir, savoir, et un jour connaître, voilà un beau programme.

III

Religions, traditions, tout s'était effrité, tout éclata. Devant cet appel cosmique qu'est l'amour, ils ne purent résister, ils écrivirent, cette nuit-là, le plus beau poème que chacun peut écrire : celui de la vie.

C'est après que les difficultés commencèrent, lorsque la vague du désir tout doucettement vint se briser sur la grève, et qu'il fallut bien revenir sur terre.

C'était un hiver rude, où le froid sec alternait avec les chutes de neige poussées par les vents d'ouest. Ils avaient trouvé refuge dans une petite chambre mansardée prêtée par amie. C'était ce que l'on appelait une chambre de bonne. Pour y accéder, il fallait monter six étages dans le noir, si c'était le soir, car les bonnes, bien sûr, n'ont pas besoin d'éclairage pour monter six étages, il faut croire qu'elles ont une lumière intérieure. Leur amie leur racontait que son plus grand fantasme ou sa plus grande frayeur était que quelqu'un cale la porte avec son pied au moment où elle allait la refermer. Le toit de la chambrette descendait presque à terre. Ils virent avec délices les flocons de neige leur chatouiller le nez. La tabatière, très vaste, surplombait leur visage. Ils rirent, s'enlacèrent à nouveau, c'était le seul moyen de se réchauffer. Et puis le lit était si petit. Les flocons arrivant sur la vitre changeaient d'état, les cristaux aux mille facettes se défaisaient et redevenaient eau. Des larmes se mirent à couler sur leurs deux visages, formant quatre ruisseaux.

Anxieusement tendus l'un vers l'autre, ils s'apprennent. Elle le regarde d'un air étrangement rêveur, et se tait. Elle ose maintenant plonger son regard dans le sien. Son cœur palpite, une musique s'enfle, chante en elle, quelques dissonances par-ci par-là en font toute la beauté.

Sa voix à elle était étrange, un peu acidulée. C'est lui qui me l'a dit bien plus tard, D'ailleurs dans quelle langue parlaient-ils ? En yddish, français ou polonais ? Très probablement en français. Lui avait une voix de basse profonde, toute de velours. Leurs deux voix réunies formaient de sombres accords. Etait-ce l'ombre de la mort qui rôdait déjà autour d'eux ?

Une goutte d'eau eut quelques velléités de descendre sur leur nez. Elle resta là quelques instants à les narguer ; bien courbée, en forme de poire, comme l'était probablement l'univers, portant en elle quoi ?

À cette époque, ils savaient déjà qu'ils ne pourraient survivre que dans la déraison. Lorsqu'ils essayèrent d'être raisonnables, ils se firent piéger par la folie de l'humanité. Et la lame de fond les emporta.

C'est encore une longue histoire. Attendez… Attendez. Pour l'instant, ils s'aiment, alors restez bien au chaud avec eux, ne les dérangez pas avec vos sombres pressentiments. Retenez le voile de la mort, retenez la nasse qui bientôt s'abattra sur eux. Pour l'instant ils s'ébattent, ils sont heureux, comme seuls peuvent l'être ceux qui connaissent le prix de la vie ; comme ceux qui ont conscience de la fulgurance de ce passage sur terre ; comme ceux qui savent que cet instant se terminera dans la folie.

Je vous l'ai dit, lui était de Bessarabie. Vous ne savez pas où la situer ? C'est maintenant la Moldavie, capitale Kichinev. Il naquit à près de 300 km de là, près de l'embouchure du Danube, en bordure de la mer Noire. Il naquit donc à Cahul. Je vais essayer de vous conter son histoire, mais ce n'est pas un conte heureux.

D'où venait-il ? Du Yddishland. Mais qu'est-ce le Yddisland ? C'était une région mal délimitée, qui n'était pas encore un ghetto. Ce yddishland n'avait pas de frontière, il avait débordé les zones de résidence imposées par les tsars. Ces zones s'imbriquaient dans les régions peuplées d'autochtones qui n'appréciaient pas ces gens au parler curieux, le yddish.

Eux, les non Juifs, parlaient russe, roumain ou polonais., Par ordre des autorités, les Juifs quittaient leurs pauvres masures des shettler et affluaient en ville, espérant trouver un emploi dans l'industrie naissante. Comprenez leur confusion, on les dépossédait de tout, de leurs biens, de leur culture, de leur langue, avant de leur prendre leur vie. Ils seront souvent les fers de lance des mouvements révolutionnaires, mais ne pourront jamais se fondre intégralement dans ces mouvements, restant des Juifs. Ils adhérèrent au Bund par milliers.

Comment partir ? Il était trop jeune. Cependant leurs familles avaient appris une chose : il ne fallait pas être assimilationniste. Ce n'était plus possible. Être sioniste leur semblait aussi une utopie. Lui, il avait pu entrer dans une école royale ; pourtant les quotas étaient très stricts, et de toute façon injustes par définition. Il apprit donc le russe, le polonais. Le roumain, allié au yddish, était sa langue maternelle. Il était cependant plus important de parler allemand si l'on songeait à émigrer et à se faire accepter dans les universités allemandes. Il rajouta quelques rudiments d'anglais appris avec ceux qui étaient rentrés soit d'Angleterre, soit d'Amérique.

Mais partir, avec quel argent ? Les magnats juifs étaient hostiles au sionisme et, encore pour un certain temps, à l'émigration ; et aller quémander n'était pas dans son caractère.

Travailler tout en étudiant, ce n'eût pas été impossible, mais cela au détriment de sa santé. Il eut une autre idée, qui fit frémir sa famille. Il était une force de la nature. Et son grand-père, qui était connu dans toute la région pour sa force, lui avait appris à se battre. Ce grand-père était vigneron et, lors des pogroms précédents, avait été dépossédé de ses caves qui avaient appartenu à sa famille pendant des décennies. Or des combats de boxe étaient régulièrement organisés sur la place du shettl. Il alla donc affronter des Russes du bourg ou des villages voisins. Sa force était telle qu'on augmentait les obstacles, pour la plus grande joie des badauds qui se pressaient autour du ring improvisé. Il combattait parfois contre deux adversaires à la fois, parfois aussi avec un sac sur la tête !

Mon père rentrait chez lui dans un état épouvantable, le visage tuméfié, le nez saignant, un œil à moitié fermé, et le lendemain il lui fallait tout de même aller au cours… Il rapportait ainsi quelques roubles à sa famille. Contribution importante pour payer sa scolarité.

Elle éclate de rire en entendant cette histoire, ils font semblant de se bagarrer, chutent à terre, enroulés dans les couvertures, nous ne savons pas qui gagne.

– Mais, dit-elle, presque furieuse, vous n'étiez pas des esclaves et toi tu n'étais pas gladiateur ?

– Oui mais, vois-tu, nous étions vraiment démunis et la plupart des emplois nous étaient interdits.

– Cela, je le comprends bien, mais se laisser humilier, ça jamais.

Elle ne se laissera effectivement pas humilier. Jusqu'à la mort, elle gardera la tête haute.

Comment faire ? Terminant à dix-sept ans sa scolarité secondaire, il avait compris que les études pouvaient le sauver. Elles représentaient par ailleurs sa seule chance d'aller vivre à l'étranger. Mais où ? La toute nouvelle URSS était exangue. Le vieil Empire austro-hongrois avait éclaté. On ne pensait qu'à l'Occident, plus précisément à la France qui avait l'avantage d'exiger un voyage moins coûteux que les Etats-Unis.

Il partit alors pour Kichinev pour tenter d'intégrer une école dentaire. Étant Juif, il apprit qu'il ne pouvait y entrer. Il la fréquenta cependant, en clandestin au risque de se faire prendre et de se retrouver en prison. Il apprit la dentisterie auprès d'un ami prothésiste dentaire expérimenté.

IV

– Je suis une Juive française.

– Vous l'avez déjà dit.

– Ne savez-vous pas, oui, vous savez, que l'analysant est répétitif. S'il vient vous voir, c'est justement pour cela, il ne supporte plus cette répétition qui le harcèle depuis tant d'années. Il ne peut y mettre fin seul. Avez-vous une idée de ce que représente pour moi cette identité ? Juive française ! J'ai compris depuis bien longtemps que mon identité n'est pas faite que de mes origines ; mais impossible après un tel drame, de penser un seul instant renoncer à cette part de moi. Ce serait trahir ceux qui ont tant souffert.

– Je prends l'exemple de certains Juifs de l'Est de la France. Ils étaient Français depuis des siècles. Ils avaient gardé leur religion, leurs traditions et ils se sentaient complètement intégrés à la France. Ils ne prendront pas beaucoup de précautions en 1941 : « On n'osera pas, pensent-ils, s'attaquer à de bons Français qui ont fait la guerre de 14, qui sont médaillés, qui touchent leur pension militaire. Ils se sont battus pour leur pays, la France. Peut-être que oui, ces étrangers venus de régions à peine connues, oui, eux, sont en danger. Nous non. » La France de Vichy les livrera à la vindicte nazie.

– Pour moi, être Juive française, cela veut dire abandon de toute tradition juive. Est-ce même un abandon, puisque je ne connais aucune tradition ? Je ne suis pas complètement inculte mais, me voici dans une forêt impénétrable bien plus dangereuse qu'une forêt naturelle. Je ne peux me faire ce que fondamentalement je ne suis pas. La Tradition, qu'est-ce pour moi ? peu de chose. Je ne connais à l'époque de ma jeunesse, que la religion chrétienne. De cela, je reparlerai. Les dogmes, ce n'est pas pour moi. On ne triche pas avec la Foi. Si Dieu a existé, il est vraiment mort au vingtième siècle. Et pour ceux qui croient, il fut bien silencieux. J'essaie de croire en l'être humain, mais c'est difficile, vous croyez vraiment qu'il y a une chance pour qu'il puisse s'améliorer ? Il est plutôt en train de s'exterminer.

– Vous n'êtes pas venue là pour faire du militantisme ?

– Non, seulement pour essayer d'accepter mon mode de fonctionnement. N'étant pas historienne, je ne perçois que l'aspect tragique de ces événements. Je n'ai transmis que l'horreur de cette histoire à mes enfants. Pour le coup, je me sens bien coupable ; c'est bien pour cela que je suis là. Auschwitz brûle en moi, à jamais. Est-ce que vous pouvez entendre cela ?

– Hum ! à la prochaine fois.

– Et si il n'y avait pas de prochaine fois ?

– D'accord. À mardi prochain.

– Zut, je vais encore m'acheter un livre, ou un disque, ou une fringue.

V

– Toi, Sarah, qui es-tu ? lui demande Abram.

– Non, raconte, raconte encore, lui dit-elle, je me nourris de ton histoire.

– Tu veux vraiment ?

– Oh oui !

– Bon, je vais te raconter ma naissance.

Il lui raconte l'histoire terrible de sa naissance, le jour où éclata un pogrom.

– Tu sais qu'il y a eu un pogrom à Kichinev en 1903 ?

– Oui, bien sûr, dit-elle.

– Il fut d'une violence telle, que la presse du monde entier en parla.

Depuis un certain temps, une agitation antisémite de plus en plus vive excitait la population.

C'était au printemps 1903. Pâques approchait. Le ciel était en fête, la débâcle printanière s'annonçait, mais la communauté juive était inquiète. Bientôt, une partie de la ville serait en feu.

Des tracts appelant au pogrom étaient distribués dans les débits de boisson de la petite ville. Ils parlaient de « Juifs suceurs de sang », de « Juifs déicides » dont il fallait se venger. Il y eut quarante-cinq hommes, femmes et enfants massacrés ; plus de mille blessés, autant de maisons et de boutiques saccagées.

A Cahul, quelques années plus tard, les mêmes événements se produisirent, peut-être moins connus, mais tout aussi meurtriers.

Lorsque ma mère, lui raconte-il, ressentit les premières douleurs de l'accouchement, la foule assoiffée et enivrée avait déjà commencé à incendier les maisons ; à jeter dans les rues le mobilier, les samovars, le linge, la literie ; à fracasser les vitrines des magasins. Cette foule n'hésitait pas à blesser des êtres sans défense. La police n'intervenait pas, ayant ordre de ne pas intervenir. La peur qui collait à la peau de ces gens était bien trop lucrative, y compris pour la police.

Les centurions noirs étaient lâchés sur la ville.

Comprenant le danger, son père, très vite, ramassa quelques effets et en fit un baluchon. Pendant ce temps, le grand-père de mon père, le vigneron, à l'entrée de la cave, tenait la voie libre en repoussant les assaillants, il lançait sur eux des tonnelets de vodka de vingt-cinq litres. Son patron essayait de l'arrêter, le grand-père était déchaîné. Il assomma ainsi quelques cosaques.

Mon père, dit-il, attrapa par la main sa femme, ma mère, qui était prête à accoucher, et ils s'enfuirent par des petites ruelles. Ils arrivèrent à contourner le gros de la foule qui hurlait des slogans de mort et ils gagnèrent à travers champs une grange, près d'un petit bois. Le soleil déjà haut était chaud et joyeux. Manifestement il n'était pas au courant de ce qui se passait… Le printemps s'installait, quelques nappes de brume s'élevaient au-dessus de la forêt et lui donnaient un aspect irréel en en estompant les contours. Le soleil faisait scintiller les cristaux des dernières plaques de neige.

Ils purent s'introduire dans la grange sans se faire remarquer et se cachèrent dans le foin.

Cependant les contractions se rapprochaient, devenant houle profonde. Une lame plus violente que les autres la saisit aux reins et, dans un long hululement, elle expulsa sa terreur et son enfant, sans autre aide que celle de son mari.

Elle devait payer sa vie durant, qui fut bien courte, les séquelles de cette naissance si difficile.

Ils frottèrent celui qui était mon père, pour le réchauffer, le faire crier au moins une fois, et ils l'enveloppèrent dans les quelques hardes et vêtements qu'ils avaient pu emporter.

Ils restèrent cachés une journée, sans nourriture, ayant fait de leurs deux corps un berceau pour protéger l'enfant. L'enfant vécut.

– Pourquoi parles-tu à la troisième personne ?

– Parce que, cette histoire, c'est mon histoire, elle est inscrite dans ma chair, et le cri de terreur de ma mère résonne toujours en moi.

Effectivement, il se met à trembler et à sangloter. Pourtant il n'a pas le typhus, non pas encore.

– Tu veux toujours aller trop vite, et tout est embrouillé ! lui reproche-t-elle.

– Ce n'est pas de ma faute, il n'y a pas que les dieux qui naissent de cette façon.

Elle le serre dans ses bras, son grand corps se laisse aller. Sur leurs deux visages leurs larmes se mêlent.

VI

Fureur

– Fuhrer,

–

la fureur du Fuhrer

–

– Avec une majuscule, non pas de respect, mais de peur, de terreur. La haine du Fuhrer. Se haïssant lui-même, il ne pouvait que haïr la terre entière.

–

– Cette terreur, lorsque je prononce ce nom, est toujours présente ; elle accompagne souvent mes nuits. Le malheur s'est abattu sur l'Europe. Comment cette Europe a-t-elle pu laisser faire ce fou dangereux ?

(Vous êtes en pleine analyse lacanienne. Seule, je suis seule. Je suis tout à fait consciente que ce n'est pas à elle, la psychanalyste, de faire le travail. Pendant que je monologue, elle prépare son séminaire, ou un congrès. À moins qu'elle ne soit en train d'écrire à l'inspecteur des impôts. Je dois reconnaître qu'elle dort rarement. Elle semble même hyper-active, elle lit, elle écrit, mais m'écoute-t-elle ? De toute façon je ne suis pas dupe, je travaille pour moi. Elle fait peu de bruit lorsqu'elle tourne ses feuillets.)

– Mais encore ?

– (Je me tais)

– Résistance, vous avez dit résistance ?

Le peu d'agressivité que je manifeste doit être énervant pour la psy. Comment faire pour garder sa pleine liberté de parole face à cette personne qui montre une écoute bienveillante ? Je comprends qu'elle puisse faire plusieurs choses en même…

– Vous avez dit Fuhrer !

– Comment mes parents n'ont-ils pas compris qu'en France aussi, ils seraient piégés ! Il leur aurait fallu poursuivre l'émigration, vers l'Ouest, les USA ; cependant, quelle énergie ne fallait-il pas déployer pour mettre à exécution d'autres projets, ils étaient amoureux et une partie de la famille était déjà là, en France et en Belgique. En fait, ils vivaient dans l'urgence. Lorsque vous ne possédez aucun lieu pour vivre, aucun bien matériel, il ne vous reste que la survie ; ils avaient cependant un bien précieux, l'amour qu'ils se portaient l'un à l'autre. Pour l'instant, ils faisaient semblant d'espérer en une vie meilleure.

– Bien, à jeudi.

C'est bien la première fois qu'elle m'écoute environ dix minutes. Je n'ai pas le temps de passer à la Fnac. Tant mieux, les livres cette fois-ci attendront, il s'en accumule déjà tellement chez moi.

VII

Abram, très empressé, très chaleureux, tourne autour d'elle, mais il perçoit sa faiblesse.

– Ton passé est si douloureux ? lui demande-t-il ? Raconte-moi à ton tour ta vie polonaise.

– D'où vient ma famille ? répond-elle. Je ne sais. Peut-être en partie des Khazars du premier millénaire, peut-être en partie d'Allemagne, où ils étaient persécutés. Mais tu désires réellement ton petit cours d'Histoire ? lui dit-elle en souriant. Alors, écoute bien. C'est en partie la même histoire que toi. Nous n'étions pas si éloignés géographiquement l'un de l'autre.

Je suis née Russe. À cette époque et jusqu'en 1919, la Pologne est restée russe.

Mes ancêtres étaient peut-être en Pologne depuis le 13eme, 14 eme siècles. Nous habitions Varsovie.

Dès 1454, il y eut abolition des quelques privilèges dont les Juifs bénéficiaient. On les expulse et ils reviennent, c'est un aller-retour perpétuel.

Les populations polonaises furent encore plus terribles que les autres. Les Polonais de souche étaient brimés, c'est une façon pudique de parler, par les Russes ; et eux-mêmes s'en prenaient aux Juifs. Impossible de les évincer, ils étaient économiquement trop utiles.

Par période, les Juifs étaient très libres, très forts, très instruits. Ils n'habitaient pas dans des ghettos. Cependant ils se regroupaient souvent dans des quartiers. Beaucoup vivaient dans les campagnes, certains étaient devenus propriétaires terriens, d'autres intendants de grandes propriétés. Ils étaient aussi aubergistes, artisans ou commerçants.

Nous parlions essentiellement le yddish dit-elle. Dans les écoles nous parlions et écrivions le russe, langue officielle. Les Polonais parlaient polonais chez eux, mais chez nous, c'était le yddish qui prédominait. Bien sûr nous connaissions aussi l'allemand.

J'ai toujours connu l'antisémitisme, lui raconte-elle. Nous, nous avons eu, en 1648 « le Déluge », pas celui de la Bible, qui tout compte fait ne fut qu'une catastrophe naturelle ; non, ce ne fut pas non plus un pogrom, mais une véritable extermination. De 1648 à 1658, des dizaines de milliers de personnes furent exterminées dans une sauvagerie sans pareil. Sans pareil ? elle ne sait pas encore !

– Sarah, d'où sors-tu tout cela, lui demande t-il ?

– Mais je suis allée à l'école, dit-elle, presque vexée. L'Histoire, et surtout notre histoire, m'a toujours passionnée.

– L'histoire de ton pays m'intéresse moins que ta propre histoire, mais je te vois là toute réticente.

– Oui, mon histoire est trop triste et je crains qu'en te la narrant, elle me porte malheur. Mon destin est-il scellé à ce point ?

Des larmes coulent, il prend peur, la serre dans ses bras.

– Viens, dit-il, allons nous promener et connaître un peu ce pays, cette ville si accueillante.

Ils ont peur de descendre, ne vont-ils pas se faire remarquer ? Pourtant ils sont d'une élégance peu commune. On reconnaît immédiatement qu'ils sont étrangers. Elle, son petit chapeau rond posé de façon coquine sur sa tête, un peu en biais, avec un beau cran sur le front. Ses cheveux sont souples et ondulés, très longs, ramassés dans son cou, retenus par un grand peigne. Elle ne se maquillait pas ou si peu ; son visage reflétait sa pensée.

Il la trouve si belle. Sa taille svelte bien prise. Un manteau flotte autour d'elle. Des bottillons aux pieds, bien luisants, montrent combien elle prend soin d'elle.

Ils descendent de la petite chambre située en plein Quartier latin, rue Saint-Jacques, tout près de l'Institut des Sourds-muets. Ce n'est pas leur quartier habituel et ils ont un soupçon d'appréhension.

Ils descendent la rue Saint-Jacques, passent devant l'Institut de Géographie. Les trottoirs sont étroits, il n'est pas toujours possible de marcher côte à côte. Les voilà entre la Faculté de droit et la Sorbonne.

– Mr Sorbon, gare à vous, nous arrivons.

– Elle disait : « toutes ces connaissances m'appartiendront un jour ; Je veux apprendre, entendre, connaître. Et vibrer, vibrer. » Orgueil, orgueil, elle voulait croire au futur. Alors, raconter son propre passé était trop difficile. Elle connaissait l'histoire de son pays, la Pologne, qu'elle aimait et abhorrait en même temps pour tout le mal qu'il avait fait endurer aux siens.

Ce futur, comment le voyaient-ils ? Ils s'imaginaient entourés de nombreux enfants. Là, ils allaient être servis. Leurs cris, leurs babillages, leurs rondes les protégeraient. Puis leurs yeux s'obscurcirent, les sourires disparurent. Ils percevaient que leur futur ne pouvait qu'être sombre. Qu'il fallait vivre intensément le moment présent. En pleine rue, ils s'enlacèrent, leurs fronts, leurs corps, se rapprochèrent. Ils échangèrent tout ce qu'ils possédaient. La chaleur de leur amour.

Ils s'éveillèrent, entendant que l'on murmurait autour d'eux. Ils s'éloignèrent très vite, il n'était pas question de se faire remarquer.

Ils continuèrent à descendre la rue Saint-Jacques, et avant d'atteindre la Seine, ils pénétrèrent dans l'Eglise Saint-Séverin. N'était-ce pas sacrilège ? Eux, des Juifs !

Elle sait que la Spiritualité se nourrit du beau, et non pas des dogmes ou des interdits religieux.

Dans ce vaste écrin de pierre rayonnant de lumière, elle se sent toute petite. Cette colonne centrale, torsadée, derrière le chœur, lui parle, l'entraîne et l'élance vers l'Univers. Cette colonne la regarde, c'est un arbre, c'est l'Arbre de la Science ? Elle murmure : « Mon corps, mon âme sont à toi, pour le meilleur et pour le pire. » Leurs mains se joignent à nouveau, paume contre paume. Mille étoiles voilent son regard, elle aperçoit le cosmos, l'Univers. Elle est obligée de s'asseoir, sentant le malaise l'envahir. Pendant vingt-quatre heures, elle ne s'est nourrie que d'amour. Elle connaît sa Bible. Le jardin d'Eden est là, face à elle. L'Arbre de vie lui poignarde le cœur.

Depuis longtemps, elle sait que la mort est entrée dans son destin. Elle tente d'éloigner ces pensées morbides, croque un morceau de sucre qu'elle a retrouvé au fond de sa poche, et dès qu'elle se sent mieux, ils repartent bras-dessus, bras-dessous vers la Seine.

Le fleuve charriait encore quelques plaques de glace. Il avait beaucoup gelé cette année-là. Un beau soleil radieux, encore frais, les réchauffa un peu. Un vent doux d'Ouest poussait quelques cumulo-nimbus. Le ciel pommelé d'Ile de France, rose violet gris bleu, leur souriait. Quelle vie! dit-elle imprudente.

VIII

– La mer

– Oui

– La mer

–

– J'ai écrit un texte, il y a vingt ans, je l'ai écrit en écoutant en boucle « La mer » de DEBUSSY. Pourquoi ? je ne pouvais écrire ce texte qu'en écoutant cette partition. C'est une période où j'ai beaucoup écouté Debussy.

– Vous écriviez sur quoi ?

– Sur ma mère

– Vous m'étonnez !!!

– Oh là-là, je n'ai pas été capable de résoudre une si petite énigme toute seule, prise par mon sujet si douloureux.

Eh bien oui, quelque soit votre âge, il est préférable de régler ses rapports avec sa parentèle, c'est mieux d'y voir clair, même si cela ne change rien.

Flash.

Cellule primaire, cellule première, tout te sourit. Œuf qui vogue sur ce tapis si doux, te voilà qui pénètre dans cette cathédrale, dans ce navire qui te protégera, te nourrira neuf mois encore.

Il y eut quatorze jours bénis. Tout était calme, tu ne savais pas que j'étais là. Le début du monde commençait sous les auspices les plus favorables. Je me prélassais, d'un je devenais deux, je passais tranquillement de morula en blastula ; je me nidais doucettement, je me lovais au chaud ; personne ne me rejetait. Je me prélassais, j'existais, quel orgueil !

Mais à partir du fatidique quatorzième jour, quel rejet, quelle tempête, quel cataclysme, lorsque tu pris conscience que j'étais là. L'harmonie du monde se dévoya. Toutes les toxines se déversèrent, s'insinuèrent, essayèrent de me déloger. Des adrénalines se déchargèrent. Les vaisseaux se dilatèrent, se contractèrent en vain ; j'étais là et je voulais y rester car je t'aimais, moi, ma mère. Alors tu absorbas des poisons au risque de ta vie.

Ces huit mois furent un enfer. Cette voix qui était si douce se cassa. Avant nous chantions à deux voix, polyphonie, fugues, canons, rien ne nous était étranger ; tout était naturel. Nos voix se croisaient, rebondissaient, se poursuivaient pour se retrouver sur un accord si chaud à nos deux cœurs. Le silence s'installa.

Les ondes se croisèrent, s'entrechoquèrent, provoquant des dissonances, des tempêtes, des raz de marées. La furie de la mer dans ce liquide si doux au départ. J'étais un frêle esquif, une coque légère que le flot essayait de noyer. Il faut croire que j'étais insubmersible. Enfermée dans ma nacelle, j'étais terrorisée ; je grandissais, je grossissais, mais tous les sons m'arrivaient déformés. Les bruits des bottes des nazis qui montaient au-delà du Rhin se confondaient avec les cris de ma mère.

Que douloureux dut être ton accouchement ! La vérité biblique te poignarda. Accoucher de ce que l'on n'aime pas. La poussée de la terre, l'explosion universelle, ce devenir irrémédiable de quelque chose qui est là et dont on ne veut pas. Quel choc ! Ce fut douloureux pour nous deux. Quelle lutte, quel corps à corps, moi qui voulais venir et toi qui ne voulais pas. Cela commençait bien, nous étions piégées toutes les deux.

Je vins ; il ne pouvait en être autrement, mais je crois bien que ce ne fut point la fête. Pas de champagne cette fois-ci. La première fois, tu en attendais un, il en vint deux. Qui fit la fête ? Pas toi, je suppose. Qui but le champagne ? Pas toi, je présume. Pauvre mère, tu allais de ghetto en ghetto, et cela ne s'arrangerait pas. Tu pressentais que la pulsion de mort l'emporterait.

Et moi, j'étais là seule au bord du gouffre. Sans parler, sans haine, sans comprendre ; les joues barrées de deux ruisseaux qui prenaient leur source on ne sait où, mais qui ne voulaient pas tarir.

A moins de six mois, ne comprenant rien à l'angoisse tapie au fond de moi, me sentant rejetée de l'univers, de mon pays, de ma mère, je n'eus d'autre solution que de me faire encore plus laide, et je me couvris de boutons.

C'était une preuve d'amour de ma part. Puisque tu ne peux m'aimer, je t'aide à me rejeter. Comment embrasser un être aussi laid, ce ne sont plus ses yeux qui coulent, mais toutes les pores de sa peau. Comment tenir dans ses bras un enfant aussi repoussant, pleurnichard, alors que déjà trois autres prennent toute la place ; que l'on ne parle pas, ou que l'on parle mal le français, que la haine monte de toute part – de chez la concierge comme de la radio.

J'étais « Peau d'Âne » et je crois que c'est ce qui me sauva. Je percevais que sous cette peau, qui devint une carapace, il y avait autre chose, un être.

Mais je n'existe que par rapport à toi, que si tu me reconnais, que si tu m'aimes. Je n'existe que si tu me tiens contre toi, que si mon regard plonge au fond de toi. Tu ne peux pas, tu fuis, tes yeux se dilatent, une autre frappe déjà en toi. Alors c'est fini, il n'y aura rien entre nous ; tu es anéantie et tu m'entraînes avec toi. Oh ! tu me soignes, tu fais ton devoir, mais le cœur n'y est pas.

*

* *

J'ai trois ans, j'ai cinq ans, les humains deviennent fous. Ma mère me rejette, ma nourrice me rejette, mon pays… quel pays ? celui où je suis née ou celui où je ne suis pas née ? Tous me rejettent.

On me dit que je suis française, puis que je ne le suis plus. Un vieux Monsieur qui vit dans une ville où les pastilles sont si bonnes à sucer a décrété que je ne le suis plus. Pourtant je chante bien sa chanson : Maréchal, Maréchal… Mais non, il ne faut pas.

Nous devons porter une étoile. Elle est très belle, toute jaune et ressemble à celle que je voie dans le ciel.

– Non pas toi ! tu n'es pas assez grande.

– Mais je la veux, moi ! je suis jalouse.

– Toujours les mêmes ! le droit d'aînesse, d'ânesse. Non je ne suis pas l'aînée, seulement Peau d'Âne, je l'avais oublié.

Quelle langue doit-on parler ? Celle de l'école bien sûr. Non, je veux celle de ma mère ; chut ! elle ne parle plus. Parler est source de mort. Alors moi non plus, je ne parle plus.

Pourtant un rouge-gorge me sourit, une brise m'effleure, mes yeux sèchent, je souris, je ris, je roucoule. Ne t-en va pas, oiseau, reste près de moi, peut-être parlons-nous le même langage ? Tu t'enfuis, tu as peur, ai-je fait un couac ?

Et le pouce ! quel succédané fut-il pour moi ! Il était le seul lien qui me rattachait à toi et je tirais dessus à Dieu va. Je le voyais immense comme mon amour pour toi. Les adultes me disaient qu'il fondait et que bientôt il n'en resterait pas. Pourtant dans un lit froid sans bras pour m'enlacer, dans cette solitude blanche que sont lits d'hôpitaux et de pensionnats, lui seul me parlait de toi.

*

* *

On l'appelait l'école maternelle, quelle duperie ! Moi, je ne voulais pas y aller puisque tu n'y étais pas. Je refusais d'en monter les marches. Elles me semblaient aussi difficiles à escalader que sont les gradins qui donnent accès au sommet des temples Mayas.

– Serai-je immolée ?

La houle des enfants me poussait. J'entendais un murmure de rires et de larmes, semblable au bruit des flots clapotant sur les rochers.

Impossible de revenir en arrière, les enfants me poussaient vague après vague.

Pour éviter la maternelle, je restais sale, je tombais malade. Rien n'y faisait; chaque matin il fallait y retourner. Et lorsque mes doigts perdaient le contact de ta main, lorsque tu me disais: va! après un dernier scintillement à travers mes larmes, ton visage disparaissait, s'estompait comme s'éteint la lumière au fond des océans. Cathédrale Engloutie.

Durant mes hospitalisations – j'étais souvent vraiment malade-, ton visage apparaissait, disparaissait comme les bateaux sur la crête puis au creux des vagues. J'essayais de graver ton image dans ma mémoire, c'était une initiation à la beauté, je le voyais, tel un tableau impressionniste, par petites touches comme plus tard je perçus l'Italie – image éclatée –, les soirs de Venise aux ciels bleus délavés par la brume, l'or de Florence, l'éternité de Rome.

– Sima, où es-tu? Tu es là, tu ne réponds pas. Je perçois ta présence, tu ne fais pas de bruit, tu es immobile, tu as pour longtemps appris le silence.

– Ne pas remuer, ne pas se montrer. Je suis caméléon, je change de couleur, de forme; je suis comme une plante qui, pour sa survie, prend la couleur, la forme de son milieu. Je suis l'eau qui dort; je suis ce mouvement circulaire qui n'a pas de fin, je suis l'éternité, je suis Mélisande, l'inexistence, le presque rien. Pourquoi remuer, pourquoi tempêter? Vanité des vanités! l'Univers revient toujours au même point. Alors ma défense suprême: l'immobilité.

– Je suis un meuble, un pied de piano. Me trouveront-ils? Qui m'appelle? Ma famille? Les SS? Ah je reconnais un visage aimé, ils m'ont trouvée. Eh oui, je suis cachée sous le piano à queue, immensité des immensités. Assise sur mon petit banc, je vogue au gré des mouvements lents et furieux du piano, écoutant battre mon cœur.

– J'ai trois ans, les larmes coulent. Pourquoi ? me demande-t-on. Pour rien, je réponds. Ce « pour rien » est plein de sens. Je souris, je suis arc-en-ciel, je pleure et je souris en même temps. Je ne parle pas ou peu, mais je m'exprime par mes larmes.

– Méfiez-vous de l'eau qui dort, dit-on. Oui, en moi brûle un magma, et quand de temps en temps il se réveille, alors je suis Turangalila. Il est en marche, rien ne peut l'arrêter. Mais nous l'avons déjà dit, tout cela n'est que vanité, il finira bien par se calmer. La fissure se refermera. Tu vois, ton explosion était vaine. Peut-être pas tout à fait, puisqu'elle t'a permis d'exister.

– L'enfance a une force, elle sourit, sauf si on le lui a définitivement interdit. Car je me souviens d'avoir ri, peut-être pas autant que pleuré. Les enfants ensemble rient, se reconnaissent, se caressent et se battent. Nous étions quatre, pour rire, nous battre, vivre. Mes frère et sœurs, je vous dois la vie.

Malgré la terreur grandissante, nous, on riait. Il y avait bien sûr en cette planète un endroit où se cacher. Australie, Vancouver, détroit de Behring. Ah ! que j'ai pu rêver de vous ! Les Allemands arrivent, mais hop ! j'ai le pied sur mon grand bateau piano et je pars pour ces pays lointains. Je ne pense pas apocalypse. L'espoir existe et je pleure, je ris, je joue, je suis une enfant.

– Nous, on jouait ; nous étions inconscients. Quatre enfants dans la même chambre, c'était de la folie, mais quelle gaieté ! Nous avions pratiquement le même âge, trois ans et demi de différence pour quatre. Les lits n'étaient jamais à leur place. Ils roulaient, traversaient la pièce, ils étaient des arbres, des boucliers, ils faisaient des ballets, bal des petits lits blancs. Nous faisions du théâtre, nous démontions la cheminée. Mon frère descendait par le conduit, il était le père Noël. Et l'histoire des trois ours ou des trois petits cochons, impossible de les jouer, personne ne veut être le quatrième. Quant à jouer à la maîtresse, c'est toujours ma sœur aînée, alors nous, on ne veut pas. On se bat, on s'embrasse. Ma mère crie, peut-être en polonais… Mais je ne me rappelle plus sa voix.

– Et ce monsieur qui vient dîner, on nous croit endormis. Au moment le plus inattendu, nous nous mettons à hurler « Le général Fracasse est un chasseur prudent ! » L'invité s'appelle Fragase. Ma mère crie, c'est la débandade, nous sommes au lit.

– Mon frère a cinq ans et se sent très musicien. Il étudie le violon, c'est bien. Il a cependant une façon très particulière d'accueillir son professeur. Il se couche sur le dos en travers de la porte et le pauvre homme fait une entrée très remarquée en glissant sur le parquet qu'on vient de cirer.

*

* *

Nous sommes à la campagne dans la Nièvre, chez l'ancienne femme de ménage de mes parents. Ces gens m'ont fait haïr la campagne pendant bien longtemps.

Nous dormons sur un sommier sans matelas, car nous faisons quelquefois pipi au lit. Nous n'avons pas le droit de beaucoup manger puisque tout est rationné. Pourtant la petite fille de la maison prospère. Il faut des tickets d'alimentation, tu ne les envoies pas, nous dit-on, mais ma sœur les voit sur une huche dans la lettre qui vient d'arriver. Pourtant je baratte bien le beurre, la manivelle est dure, il y en aura bien un peu pour moi ; non, un coup sur les doigts. Et le beau fromage blanc qui est là, il n'est pas pour nous. Et la pesée du pain, qu'en as tu fait ? Mangée bien sûr, ma sœur se souvient encore de la raclée qu'elle a pris ce jour là.

Glaner, répétez dix fois ce mot-là, vous ne saurez toujours rien de cette horreur. Les glaneuses de Millet, c'est beau, très beau, mais voyez comme elles ont mal au dos. Moi, j'ai mal aux pieds, car je suis pieds nus. Mes sabots, je les perds tout le temps, ils me font mal, les distances sont longues. À six heures du matin, la rosée nous glace ; les fanes nous griffent les jambes, nous écorchent, nous font saigner. Nous n'avons le droit de rentrer pour le petit-déjeuner qu'une fois la gerbe terminée. Nous essayons de chiper des épis, mais cela se reconnaît, alors c'est la rossée et pas de petit-déjeuner.

Avez-vous gardé des moutons, des oies, enfants des villes ? Les moutons, je ne sais s'ils sont de Panurge. Pourquoi les mettre dans les champs avec une enfant, c'est de la provocation ! Quand l'un passe une haie, tous passent. Avez-vous déjà essayé de courir après des moutons ? Moi je sais seulement les compter pour m'endormir. Ils vont plus vite que vous. Alors ma colère éclate ; je pense en avoir tué deux ou quatre. Ah ! je vous promets que je fais des ravages, ce n'est plus l'eau qui dort, c'est le raz-de-marée qui déferle. Il emporte tout sur son passage. Ma violence décuple, je vois rouge, blanc, je tape, je cogne, je tue avec mon gourdin. Pauvres moutons, je me venge sur vous, vous payez pour combien ?

Ils sont tous passés en travers de la haie, pas un n'est resté à terre, je n'ai plus qu'à courir après. Je pleure, c'est tout ce qui me reste à faire, car les coups sont pour moi.

Il n'y a que les vaches pour être gentilles, elle broutent et se fichent de moi. Elles font leur lait, croyant travailler pour elles, elles ne travaillent même pas pour moi. Elles nous embêtent quand même parfois, puisqu'une a chaussé le sabot de ma jeune sœur. Allez donc à six ans enlever un sabot à une vache. Nous rentrons. Cela ne les fait pas rire, mais nous non plus d'ailleurs, pour pleurer nous n'avons pas à nous forcer.

Pourtant même en pleine occupation, il y a de belles fêtes. Je me souviens de la fin de la moisson. Pendant deux ou trois jours une activité folle s'est emparée de la ferme. Une immense machine est arrivée, la moissonneuse-batteuse. Guerre ou pas guerre, la moisson n'attend pas.

Ils sont devenus gentils – suspension du temps –. Ils chantent, travaillent, suent. Il faut aider, nous le faisons de bon cœur ; nous portons les paniers de victuailles, l'eau fraîche. Une poussière immense englobe la ferme, les balles de blé irisent la lumière. Le repas de fin de moisson sent bon. Les pommes de terre sous la cendre, accompagnées de fromage blanc, de beurre et d'une miche de pain frais, c'est la féerie, la vraie vie.

Chic! on nous rappelle à Paris, ou plutôt la fermière ne veut plus nous garder. Quatre enfants juifs, sans tickets de rationnement, c'est beaucoup. Qu'ils se débrouillent après tout!

– Pourquoi ne parlez-vous plus?
– Au revoir.
– Excusez moi, j'étais partie dans mes pensées.
Un sourire humide et puis s'en va!

IX

LA RAFLE DU VEL D'HIV

La rafle du Vel d'hiv est passée, seize juillet 1942, Paris est propre, ma mère est arrêtée.

Notre père nous raconte que, depuis un an, il était interné à Drancy. S'appelant Abram et elle Sarah, peut-être les plus beaux prénoms de la Bible. Ils ont eu ensemble quatre « Il a ri. » C'est ce que signifie le nom d'Isaac. Donc, bien que portant le prénom d'Abram, il répond aux premiers appels de la Résistance, et sert de « boîte aux lettres ». Prend-il suffisamment de précautions ? Pourtant on le recherche, il reçoit une convocation à se présenter au commissariat, il y va, je ne le reverrai pas de longtemps.

– Pourquoi ne s'est-il pas évadé ?

– Ton mari, mon père, t'attend là-bas. Il est arrêté et déjà à Drancy depuis près d'un an. Imprudence des imprudences, avec de tels prénoms, cela ne l'empêche pas de servir de boîte aux lettres aux premiers appels de la Résistance. Pendant mon adolescence, je lui en ai voulu. Ton mari, mon père a un grand cœur, il ne peut résister aux grandes voix. Il est comme dans l'histoire du joueur de flûte de Hammeln. Dès qu'il entend une mélodie, il suit, on ne peut l'empêcher d'avoir de l'oreille.

– Il ne pensait pas pouvoir laisser Sarah à Paris. Mais elle ne voulait pas l'abandonner. S'il s'évadait, il pensait lui faire prendre trop de risques ; les dénonciations étaient courantes. La concierge était là, surveillant les allées et venues, et elle fera bien son travail. Tout doit être propre chez elle. De sa loge, elle nous épie et elle n'hésitera pas à dénoncer notre mère. Sarah, elle, ne voulait pas s'éloigner de Paris et laisser seul son mari à Drancy. Elle lui portait régulièrement linge, nourriture, savons. Elle devait également rester en relation permanente avec Mme B… qui de sa campagne nivernaise avait en charge ses enfants, et qui réclamait mandat sur mandat. S'occuper d'enfants juifs d'accord, mais il fallait que cela rapporte. Or notre père ne gagnait plus rien, étant interné à Drancy, et le peu d'argent que pouvait glaner Sarah provenait de son assistante, dentiste, Mme Yvette, qui elle, devait subvenir aux besoins de son mari juif, caché en zone libre.

*
* *

D'emblée, dès qu'il fut arrêté, mon père a compris, étant un soignant, qu'un des atouts majeurs, pour survivre, serait l'hygiène. Ceux qui se laisseront aller, dès Drancy, seront tout spécialement une proie pour la grande faucheuse. Bien évidemment, beaucoup mourront non pas de maladie, mais des violences infligées par les SS et leurs sbires. Tués le long des voies ferrées, morts de faim dans les wagons, morts de soif et de saleté, enfants fracassés contre les parois des wagons ; ils mourront dans une inhumanité totale. Les quelques-uns qui sortiront vivants des camps seront les gens bien structurés sur le plan mental, et en premier, les militants politiques. Quant aux pratiquants religieux juifs, ils seront exterminés en premier et sans difficulté, car si Dieu le veut... Mon père, lui, a déjà beaucoup lutté. Il s'est défendu jeune contre l'injustice et l'adversité, dans son pays d'origine. Il a déjà eu faim. Il connaît le rationnement et la débrouille. Sa migration avait duré plusieurs mois, il avait déjà l'habitude de se nourrir de racines et de n'importe quelle herbe, même si la dysenterie en était le prix à payer. Parlant huit langues et dentiste, il saura aider et survivre. Car dans le Lager, il n'y a plus de vie.

Pour elle, ce sera trop dur. Elle sait qu'elle laisse quatre enfants, et elle ne pense qu'à eux, ses lettres en témoignent. À Drancy, elle restera auprès d'enfants arrachés à leurs parents, seuls, quelquefois accompagnés d'un frère ou d'une sœur. Comment ne pas comprendre que s'ils ont été arrachés avec une telle sauvagerie des bras de leur mère, ce n'est certainement pas pour être emmenés dans un lieu de vacances, ni pour travailler. Elle les aidera à s'épouiller, se laver, s'habiller ; beaucoup n'ont pas trois ans et ne sont pas autonomes. Au nom de quoi le seraient-ils ? Elle les oblige à manger le peu qu'il y a, si mauvaise soit la pitance. Eux, enfants choyés, habitués aux petits plats préparés par leurs mères juives, et l'on sait bien ce qu'il en est sur ce plan, ils ne pourront pas accepter ces soupes infâmes et ce sont de petits morts vivants qui monteront dans les wagons à bestiaux.

Elle quittera Drancy en les tenant par la main. Au lieu de monter dans un wagon avec son mari, ce qui aurait été peut-être possible, elle se laissera entraîner avec les enfants.

Ils tombent, elle les aide à se relever, peut-être les porte t-elle ? Elle n'aura pas la moindre hésitation. La SS Fuhrer n'aura pas besoin de lui donner des coups de slag pour la faire monter dans le wagon, très vite, elle poussera ces pauvres petites choses et montera avec eux.

Elle arrivera à lancer sur le quai un SOS pour Mme Yvette, message écrit dans la fébrilité avec un courage incroyable. Elle a largement compris qu'elle va mourir, mais elle essaie encore de faire face.

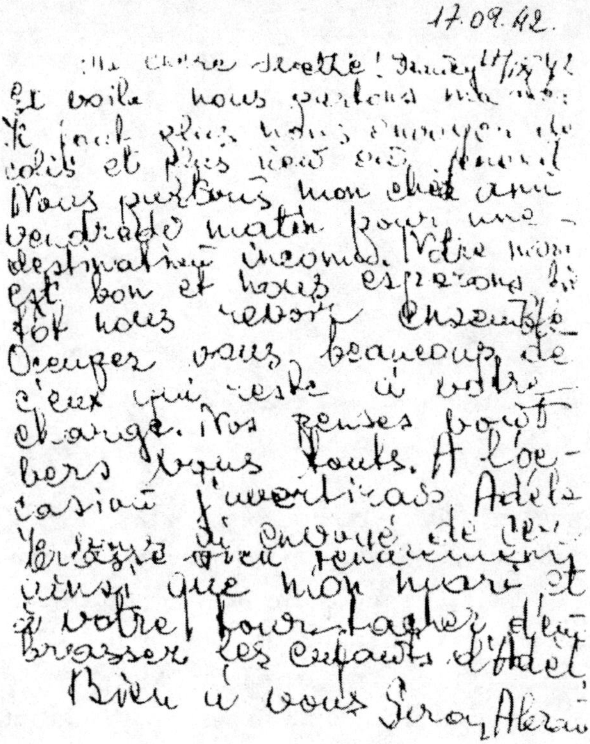
17.09.42.

Ma chère Yvette ! Drancy 17/IX 42
Et voilà nous partons [illegible]
Il faut plus nous envoyer de
colis et plus rien [illegible]
Nous partons mon cher ami
vendredi matin pour une
destination inconnue. Votre mari
est bon et nous espérons bien-
tôt nous revoir ensemble.
Occupez vous beaucoup de
ceux qui reste à votre
charge. Nos pensées vont
vers vous toutes. A l'oc-
casion j'avertirais Adèle
[illegible] envoyé de [illegible]
Embrasse bien tendrement
ainsi que mon mari et
à votre [illegible] d'em-
brasser les enfants d'Adèl
Adieu à vous Sarah Abram

Convoi n° 34, 18 IX 1942.

Ce billet parviendra des semaines plus tard à Madame Yvette, Juste des Nations (titre donné aux personnes non juives, ayant sauvé des Juifs pendant la guerre). Déjà Sarah n'est plus. Pas plus que moi, vous ne connaîtrez son histoire personnelle.

X

LA RAMPE

– La semaine dernière, je suis allée à AUSCHWITZ-BIRKENAU.

– Pardon ?

– Oui, je suis allée en cet endroit de mort, j'ai foulé le sol qu'elle a elle-même foulé. Je marche à petits pas dans le silence de ce champ de mort sans odeur, je cueille une marguerite sur le bord d'une zone verte et je lui dis : « Maman ».

– Je la vois essayant de faire marcher les enfants, tous les enfants, les tenant par la main, un dans ses bras. Tout est relativement calme, car ces pervers essaient de ne pas provoquer trop de hurlements et de panique, ce qui ralentirait le rythme et le rendement. Ses yeux ont-ils croisé une dernière fois ceux d'Abram ? Son mari, mon père, qui lui est sélectionné pour le travail. Il portera en lui ce visage à jamais.

– Pourquoi racontez-vous cela aujourd'hui ?

– Cette flamme, Auschwitz, brûle en moi à jamais. Ce pèlerinage, cette commémoration, je l'ai faite entourée de quatre goyim. Mon mari tout d'abord qui ne me quitte pas d'une semelle, et trois Polonais, catholiques et hommes de bien malgré l'antisémitisme ambiant. Ils ont compris ce que je ressentais et sans connaître aucune langue en commun, ils me serrent dans leurs bras longuement.

– Ça va aller, vous allez pouvoir aller travailler ?

– Oui.

En passant par la Fnac, je sens que je vais m'acheter, oh non, pas le Requiem de Penderecki ; et bien si.

XI

LA RAMPE II

Il veut nous parler de cette dernière vision, le bruit et le silence. Oui, leurs regards se sont croisés, l'a-t-elle vu ? Elle avait mis tellement d'espoir dans sa force, elle avait espéré qu'il la protégerait de tous les maux. Mais elle était tellement myope et n'avait plus de lunettes, il pense qu'elle ne l'a pas reconnu ou peut-être pas vu. Pensez donc, ces petits qui perçoivent le danger s'accrochent à elle, elle doit les pousser devant elle. Où les emmène t-elle ? Dans quel lieu, elle ne sait pas exactement ; à la mort, elle en est certaine.

Pour faire avancer cette foule à moitié morte, à moitié survivante, il ne faut pas trop de pagaille. Les chiens, on ne peut pas les faire taire, ils sont dressés pour aboyer, mais la perversité humaine sait comment s'y prendre, et trouver les mots pour ne pas trop effrayer. Pensez donc, il y a des médecins, des psychiatres, ils sont bien formés, ils arriveront à pousser tout ce monde vers les chambres à gaz.

Il fut là, lui mon père, dans ce lieu d'où l'on ne revient pas. Auschwitz-Birkenau. Il eut le triste privilège de fréquenter Auschwitz, puis Dachau et Buchenwald. Ces noms horribles ont traversé, bercé ? ma jeunesse, mais qu'était-ce à côté de ce qu'ont enduré ces hommes, ces femmes – je n'ose pas dire ces enfants – car peu ont fréquenté ces camps, étant pour la plupart exterminés directement dès leur arrivée à Auschwitz.

Qu'est devenu ce vêtement, ce pyjama rayé, dans lequel il a vécu ces sombres années, car elles furent au pluriel, de septembre 1942 à mai 1945. Comment a-t-il pu résister ? Il est plein de modestie, il ne se vantera jamais d'avoir sauvé des êtres, un tout particulièrement, de dix ans son cadet qui serait mort sans sa surveillance quasi paternelle, sans sa bienveillance – car c'était plus qu'une solidarité.

Je ne peux dire que ce que j'ai retenu de son récit, relativement bref, car il perçoit que nous ne pouvons pas vraiment entendre. On entend, mais avec une oreille sélective.

Il dit. Il ne pleure pas, car ses larmes se sont taries depuis bien longtemps, en raison des expérimentations faites sur son visage, des injections de trichophytes, qui donnent une trichophysie, une parasitose de la barbe ; la peau ensuite brûlée et non soignée aux rayons X, son visage est tout cicatriciel, seuls ses yeux ont gardé toute leur bonté et sourient. Vous avez compris que les expérimentations se font sans anesthésie et sans aucune précaution. Mon pauvre père n'eut pas le temps de mourir d'une leucémie.

Il raconte, raconte… J'ai dix ans, je ne m'évanouis pas, c'est pourtant une de mes spécialités, je l'entends malgré le bourdonnement de mon cœur et de mes oreilles.

La sélection, la sélection surtout le hantait. Debout dès le petit matin, des heures durant par tous les temps, sans vêtements, sans nourriture, on en tuait tous les jours je ne sais combien, on lâchait les chiens. Et les tentatives d'évasion, pendu trois fois, les expérimentations, le typhus, la stérilisation… Nuit et horreur.

Cela, je vous le répète, je l'ai entendu à dix ans. On faisait creuser un trou à un pauvre hère famélique, il devait descendre dans ce trou, un autre déporté devait passer avec une brouette de pierres sur le crâne de ce mort vivant. Ces horreurs étaient quotidiennes.

Ce récit, je l'ai revécu en cauchemars sous différentes formes, pendant des décennies.

Arrête, mon père, je veux vivre, je ne veux rien avoir à faire avec ça. Ou je t'écoute et je sombre dans la folie, ou je regarde le ciel et tente de vivre ; je pars loin, loin, dans les galaxies où, je l'espère, personne ne me retrouvera. Oh que les corps sont lourds, que la pesanteur nous écrase ! Le rêve éveillé, il n'y a que ça. Partir loin, là-bas, dans la galaxie d'Andromède, il y aura bien au centre un trou noir où tout est inversé… C'est peut-être le paradis, les humains ne sont plus fous, ils s'aiment, tout est fleuri ; les luths, les harpes chantent et accompagnent ma voix. Je ne fais plus de couacs. Une berceuse endort les enfants.

Oui, mais lui a besoin d'être entendu. Le Typhus exanthématique, si je continue de raconter, vous allez interrompre votre lecture ?… Il fut pendu trois fois, à chaque fois un événement imprévu lui a sauvé la vie. Lui ne connaissait que la soupe, pas la lutte des classes. C'était un homme de bonne volonté. S'il aidait, ce n'était lié à aucune motivation politique ou religieuse. Je crois, je suis même certaine que dans ce monde inhumain il a su garder la force d'être un Homme. Comment a-il pu garder la foi en l'Homme, je ne sais. Seuls ceux qui sont revenus peuvent le dire.

XII

– Nous sommes quatre enfants, tous vivants.

– Pardon, je ne vous entends pas, votre voix est presque inaudible.

– Peut-être qu'entendre ce que je dis me fait peur ; c'est aussi pour cela que je suis là. Sa voix est perdue à jamais, mais peut-être pourrais-je récupérer la mienne. Un de mes enfants ne supporte pas ma voix.

– Pourquoi dites-vous quatre enfants ?

– Parce-que, même si nous sommes devenus des adultes, quelque chose en nous s'est arrêté à ce moment-là, lorsque nous avons compris l'irrémédiable.

*

* *

– Et pendant ce temps là que devenions nous ?

Flash

J'ai quatre ans, sept ans, est-ce-la guerre ? qu'est-ce que la guerre ? Bien vite tu l'apprendras.

Tu nous a envoyés à la campagne, pour nous protéger, disais-tu, mais moi je n'entends qu'une chose, c'est qu'à nouveau tu me rejettes. Ce n'est plus un eczéma furtif que l'on gratte la nuit en cachette. Je ne suis plus qu'une plaie, mes bras s'infectent, saignent, sont couverts de pansements nuit et jour. Et l'on veut me tuer, et je veux me tuer si tu ne viens pas. On t'appelle au secours. Avant la RAFLE DU VEL D'HIV, tu arrivais en courant, j'étais dans tes bras, je guérissais, mais tu repartais, tu m'abandonnais, tout était à refaire.

Et puis, une dernière fois, tu vins accompagnée d'une petite cousine, elle portait comme prénom celui de notre beau pays.

Tu serais peut-être restée devant notre insistance. La fermière par ailleurs n'y était pas hostile, pensant de cette façon pouvoir récupérer un peu d'argent.

La petite cousine plongea dans un tel désespoir de ne pas retrouver ses parents, que tu finis par accepter de la ramener à Paris. Nous sommes sur la carriole qui doit l'emmener à la gare, on nous prend en photo, nous regardons l'objectif. Dans tous ces regards on lit le désespoir. C'est ton dernier visage, ma mère, gravé en ma mémoire. Plus jamais je ne le reverrai.

*

* *

1942. Septembre. Fontenay-aux-Roses où je suis en pension chez les sœurs habillées de noir. En pension, nous y serons pour sept ans.

Seule, se sentir seule dans l'immensité de ce dortoir où vingt à trente barques blanches, emportant des enfants endormies, perdues dans leurs rêves étranges, s'alignent sur deux ou trois rangs… Partiront-elles en régate ou sont-elles ancrées là pour longtemps ? Solitude des solitudes. Que je me sens seule, perdue dans cette foule qui pépie, qui rit, qui pleure, mais qui ne m'est rien ! Il faudra pourtant s'y habituer. Purcell, je te connaîtrai plus tard, mais je t'entends déjà.

Ma sœur aînée passe, essuie mes larmes, torche mon nez, fait mes nattes puis repart rejoindre les filles de son âge.

Le samedi soir, tout le monde s'en va. Mes deux sœurs et moi, (notre frère est dans un autre pensionnat) nous restons à nous ronger les doigts. Pourtant les sœurs sont gentilles. Il y a bien ces éternelles messes auxquelles je ne comprends rien. D'ailleurs, je m'évanouis souvent.

Et le premier Noël sans nos parents, sans notre frère ! Tous les enfants sont partis pour les vacances. Nous sommes seules au réfectoire, dans le dortoir. Les sœurs essaient de nous consoler, elles nous offrent des cadeaux.

C'est là que j'apprends que je ne te reverrai, plus ma mère. On ne me le dit pas, mais je le sais. On nous dit que vous êtes partis en déportation, nouveau mot, mais que vous reviendrez ; je ne demande pas d'explication, je sais que ce n'est pas vrai.

Contre l'irrémédiable, que reste-il comme défense ? Comment accepter si jeune d'aller de terreur en terreur ? De savoir, ma mère, que tu ne me tiendras plus jamais dans tes bras, que plus jamais ton haleine ne m'effleurera ? Comment admettre que mon sourire s'effacera pour toujours ? Ça non ! je ne le veux pas, je ne le peux pas. J'aime la vie par-dessus tout. Alors une seule solution : m'évader. Ce que je vis est un mauvais cauchemar ; la réalité, ce que je rêve éveillée.

J'aurai ainsi deux vies dont une près de toi ; malgré notre malentendu, je perçois que tu es aussi paumée que moi. L'autre dans la réalité, car je ne tomberai pas dans la folie.

Et puis l'ogre Hitler a faim, faim de sémites, allez donc savoir pourquoi ! Les gueules des fours sont ouvertes ; on réclame tous les Juifs, même les petits. Il faut en nettoyer la terre.

Nous quittons cette pension de banlieue peu sûre, pour nous cacher à la campagne, au Préventorium de Bourg-d'Iré dans le Maine-et-Loir.

Mme Yvette présidait maintenant à ces allées et venues. Jeune dentiste, antillaise, mariée à un Juif qu'elle devait cacher et nourrir, elle prit toujours soin de nous faire quitter les zones les plus dangereuses et de nous faire passer dans des régions moins risquées. Merci Mme Yvette.

Alors là, à Bourg-d'Iré, c'est quand même la fête, un beau château, des bois, des prés. D'accord, Mademoiselle M... la directrice, préfère les garçons ; c'est bien normal, c'est une femme ; mais je trouve cela un peu injuste. Les garçons ont droit aux chambres d'apparat ; nous les filles, nous sommes serrées dans de vastes dortoirs, sous les combles. Notre univers : un petit lit radeau. Nous avons froid, nous hurlons de peur ; deux, trois enfants sont somnambules ; chaque nuit, elles hantent l'immense pièce. Le grenier est au-dessus avec tous les revenants (des rats sans doute) ; je les entends, je me mords les poings pour ne pas crier. Mère, je t'appelle, où es-tu ? Ma vessie ne tient plus, jamais je me lèverai en pleine nuit, je préfère mouiller mon lit, endormie ou pas.

Dans la journée, cet endroit est merveilleux. Je suis le garçon manqué. Quand je joue à chat, les barbelés n'existent pas, je passe au travers. Nous montons aux arbres, mon frère descend le long du paratonnerre, un autre garçon manque de se tuer en l'imitant ; nous creusons des cabanes, courons dans les bois toute la journée. Nous apprenons ce qu'est la solidarité.

Un des garçons ne se contente pas d'être énurésique chaque nuit – cela, c'est normal, c'est accepté. Non, son urine traverse le plancher. La directrice le menace de l'envoyer dormir dans sa cabane. Ce n'était qu'une menace, mais la nuit suivante, qui n'était pas une nuit d'été, il n'y avait pas un seul garçon dans son lit ; les plus grandes des filles ont peut-être suivi les garçons ; ils étaient tous dehors dans leurs cabanes à grelotter, y compris celui avec sa pleurésie. De quelles séquelles n'a-t-il pas dû payer cette incartade ! La sanction leur sembla disproportionnée par rapport à la faute. Au lit toute la journée avec un bouillon pour potion. On ajouta un édredon. Mademoiselle M. était générosité, et au fond d'elle même elle souriait.

On nous baptise par fournées de neuf ou dix ; moi je ne trouve rien à redire. J'y crois. Un homme qui paraît-il m'aime, qui s'est fait mettre en croix pour moi, pour la rémission de mes péchés dont le plus impardonnable est d'être née, que voulez-vous, j'y crois.

Justement, j'en ai fait un gros de péché ; je me suis dévouée pour aller porter l'assiette de purée avec quatre ou cinq morceaux de viande, à un enfant malade. En chemin, j'en ai bien mangé deux ou trois. À cause de moi guérira-t-il ? Jusqu'au bout je surveillerai sa convalescence et ne me sentirai soulagée que lorsqu'il courra de nouveau avec nous.

En quinze jours, nous sommes baptisés et confirmés.

La cérémonie de la communion, solennelle ou privée, est grandiose dans sa simplicité.

Les enfants alignés les uns derrière les autres, de part et d'autre de la longue allée menant du village au château, forment une magnifique procession.

En tête, ma jeune sœur et moi. Robe blanche courte, une guirlande dans les cheveux, des sandales à semelles de bois aux pieds. Elles furent probablement louées pour cette cérémonie, nous n'en portions jamais. Derrière nous s'étire un long ruban blanc ; ce sont les enfants, tous les enfants habillés en communiants. Pour que chacun reçoive sa petite part de joie, le renouvellement des vœux se faisait chaque année, même si certains étaient un peu grands. Six cents sandales de bois claquant en même temps. Dans Bourg-d'Iré, nous faisons une entrée remarquée. Les villageois le long de la route applaudissent. L'église nous est réservée ; nous sommes si nombreux que nous la remplissons. Ce n'est pas une communion de pacotille, nous nous ferions tuer pour ce Dieu là.

Il y avait aussi de curieuses manifestations. Notre-Dame de Fatima traversait la France, portée par des pèlerins qui se relayaient de village en village. Elle devait nous sauver de l'occupation. Cela me semblait bien un peu suspect ; comment le fait d'avancer sur les genoux sur une route parsemée de clous, ou même se flageller, pourrait-il faire partir les Allemands tout d'un coup ? Mais les adultes ont toujours raison.

J'ai huit, neuf ans et un garçon qui s'appelle Jean me fait une déclaration indirecte. Il a pris pour intermédiaire mon frère, qui, lui, n'est pas intimidé. Après de grands conciliabules, des rendez-vous sont pris et défaits. Le jour de la rencontre arrive. Mon frère m'assure que je ne crains rien, que c'est juste comme cela, pour rire. Nous finissons par nous voir dans un pré, derrière un gros marronnier. J'ai peur, que va-t-il m'arriver ? Mon frère est dans l'arbre, il monte et descend, il fait mille pitreries pour nous faire rire. Où veut-il en venir ? Il m'a demandé de dire à ce garçon que je l'aime. Je ne veux pas, je vois ce garçon pour la première fois et franchement cela ne m'intéresse pas. De toute façon, il ne parle pas et me regarde avec de grands yeux frangés de larmes. Mon frère insiste, je continue à refuser ; mais le voyant tellement contrarié, je finis par accepter. Autant le garçon m'indiffère, autant mon amour pour mon frère est immodéré et je le vois si chagrin.

Le garçon sèche ses larmes et je reçois en gage d'amour une glace pour me mirer. J'apprendrai vingt ans plus tard que mon frère était intéressé. Il devait recevoir pour sa félonie un stylo qu'il convoitait depuis longtemps.

*

* *

Dans le château passent des réfugiés. Parmi eux, une très vieille femme et sa fille. Elles se ressemblent comme deux gouttes d'eau. Elles restent longtemps. La vieille femme meurt. Il faut la veiller. Les monitrices se relaient. Elles ne dorment plus dans le dortoir. On me demande d'assurer la garde, peut-être parce que je ne suis pas très remuante. J'ai huit ans, la nuit dans un immense château. Des revenants au-dessus, des somnambules et des enfants qui crient de terreur, une morte à l'étage au-dessous, des chiens qui hurlent à la mort et l'orage qui éclate. Les roulements de tonnerre, les éclairs, les ombres, les fenêtres qui claquent, l'eau qui pénètre, qui me pénètre ; je suis eau, je ruisselle de toute part. Ce sont les « Hauts de Hurlevent ». Je crie, j'ai peur, j'appelle au secours mais c'est un cri intérieur ; c'est une nuit de terreur mais ce n'est pas un rêve. Personne ne viendra me réconforter.

On parle de débarquement pas très loin d'ici, les avions nous survolent en rase-mottes jour et nuit, nous nous plaquons à terre à tout instant. C'est excitant, c'est effrayant. Une frénésie s'empare de nous, même les hannetons s'en mêlent et font cliqueter leurs ailes. Cet avion qui passe est-il américain ou allemand ? Pourquoi cette fébrilité dans tous les regards alors que tant de personnes meurent autour de nous ?

Cette nuit, on se bat à Bourg-d'Iré. Les Anglais, Français, Américains essaient de chasser les Allemands. On nous dit d'évacuer le château.

Et la nuit, sous un ciel d'encre, sans même une étoile pour nous servir de flambeau, une longue file d'enfants deux par deux s'en va. Pieds nus, car nous marchions pieds nus de mai à octobre, pour cause d'économies. Nos pieds sont endurcis. Vêtus à la hâte, une couverture sur les épaules, nous marchons en tremblant. En queue de cette procession inhabituelle, un garçon sur une civière, celui qui est tombé du paratonnerre et qui est plâtré depuis six mois. Derrière fermant la marche, la directrice portant le saint sacrement.

– Dieu est avec nous. Taisez-vous ! Priez ! Nous ne nous le faisons pas répéter, nous prions à cœur fendre. Peut-être que les avions ne nous verront pas. Nous arrivons après cinq, sept kilomètres de marche dans un hameau et nous nous entassons dans une grange. Nous y resterons quarante-huit heures, vaguement ravitaillés, avant de revenir au château. Au château, je joue souvent avec ma sœur, sur un escalier métallique qui mène au bureau de la directrice. Nous sommes plus près d'elle, on ne sait jamais. Ici presque personne ne vient nous déranger. L'endroit est peu confortable. C'est comme une cachette. Nous nous sentons en sécurité.

Au loin dans l'allée qui monte au château, une jeep. Ce sont les Américains. Je ne demande rien, ne dis rien, mon cœur éclate, je pars à toute vitesse, je cours, je cours, je vais me jeter dans leurs bras. En arrivant à quelques mètres, je suis stoppée net, une mitrailleuse me regarde de son œil noir, elle est tenue par un Allemand, je le reconnais à son calot ; et derrière lui se tient un autre homme avec cette fameuse casquette qui me poursuivra des années durant dans mes rêves. Je l'entends dire feu, dans quelle langue ? je n'entends plus rien, je fais volte-face, je plane, je suis morte c'est sûr, je le sens ; les anges me portent sous les bras, je suis un oiseau blanc. Tout se passe au ralenti mais eux vont vite. Ce ne sont plus mes jambes qui me portent ; c'est mon âme qui se tient au-dessus de moi. Je trouve une ouverture, une porte ? et me voilà en enfer dans une salle circulaire ; de grands chaudrons noirs bouillonnent. Les flammes dessous, la fumée qui s'échappe, des diables remuent sans cesse une mixture dans laquelle on va me jeter. Je cours, je cours, me cogne partout, cherchant à m'échapper. Vous avez reconnu les cuisines du château que moi je voyais pour la première fois. Je finis par trouver un escalier et me retrouve sous les jupes de la directrice qui se tient sur le perron du grand escalier, entourée des trois cents enfants.

Les Allemands cherchaient un résistant.

J'ai neuf ans. Les Allemands sont partis, au prix de combien de vies ? N'ont de laisser-passer que les poux et les épidémies. Aussi les autorités se méfient.

La Croix-Rouge assure notre transfert. La directrice nous conduit à Paris dans ses locaux et après nous avoir embrassés tendrement – c'est notre marraine en même temps que celle de deux cent trente enfants –, nous y laisse, pour vingt-quatre heures en principe. Nous y resterons cinq jours, sans argent, sans vêtements. Nous côtoyons une foule de gens en pleurs, hargneux, gais, surexcités. On nous appelle à Bruxelles, mais les frontières sont fermées. Je ne comprends rien, sinon que j'attrape des poux et que nous sommes encore plus seuls.

Où êtes-vous, Parents ? je ne pleure plus, c'est fini, un noyau dur se forme en moi.

Mon frère, l'homme de notre quatuor, nous prend en main. Pour calmer notre faim, il vend quelques tickets de rationnement et achète du pain. Sa chemise déchirée en quatre sert pour la toilette ; le seul matelas octroyé sert de couverture, nous nous couchons par terre et ma sœur aînée berce la plus petite. Le plus extraordinaire, c'est que nous soyons toujours quatre.

Surtout, nous tendons la main aux Américains ; oh honte ! pas pour dire bonjour, mais pour une aumône. Notre frère nous sermonne :

– C'est indigne de nous !

Car lorsque nous sommes tous les quatre réunis, nous avons une très haute opinion de nous. Nous sommes fiers, nous nous croyons supérieurs. Pas des élus de Dieu, nous ne connaissons rien aux religions ; mais des êtres issus d'une caste supérieure, des aristocrates en quelque sorte. Rien que cela. Après ce que nous venons de vivre, c'est le moins que nous puissions penser.

Arrivée en Belgique, la symphonie de ma vie pouvait commencer. L'orchestre s'accordait. Les Allemands partaient, mes parents allaient rentrer, c'est du moins ce que l'on me disait.

Ce devait être la fête perpétuelle ; les lourds nuages du malheur s'éloignaient. Il y eut des fêtes, mais je ne les vis pas. Les enfants n'étaient pas invités.

Pour des raisons obscures, on nous remit en pension. C'était à Namur. La fête, avant de commencer, était déjà terminée.

Moment privilégié, à mon anniversaire, pour mes dix ans, on m'a offert mon premier livre. Vous ne pouvez savoir quelle joie ce fut. J'avais un livre à moi, imprimé, relié. Avant de l'ouvrir, je l'ai regardé, humé, caressé, embrassé. Je lui ai parlé, n'osant pas l'entrouvrir.

Puis je l'ai lu plus vite que l'on absorbe un café et j'ai pleuré, c'était trop beau, c'était trop court. Je ne pouvais pas m'envoler, sortir de la réalité avec une histoire aussi courte. Je voulais y rester. Ce n'est pas juste d'offrir un peu de rêve à une enfant pour l'en priver presque aussitôt.

À chaque fois qu'un livre se termine, c'est la chute, c'est l'angoisse, c'est la perte, on est à nouveau orphelin de son rêve. Alors je l'ai recommencé dix fois, je l'ai lu, relu ; au moins cela a pris du temps ; je l'ai su par cœur, je me le suis récité tel un poème ; il ne s'agissait pourtant que d'une vague histoire de scout. Mais qu'ils avaient de la veine ! Ils étaient libres, et moi j'étais à nouveau enfermée en pension pour longtemps.

Les lourdes portes de la prison s'étaient refermées. Nous étions chez des sœurs cloîtrées. Cette pension s'appelait « le Bon Pasteur », rue du Bon Pasteur, à Namur. Qu'avais-je fait pour mériter d'être enfermée ? On nous avait emmenées là, un jour de pluie, le ciel était bas et pesait sur mon cœur. Je reniflais pour ne pas pleurer, car nous étions trois sœurs, et si une s'y mettait…

C'était une pension pour enfants dévoyées, les murs de la cour étaient si hauts que l'on ne connaissait que le rectangle du ciel qui nous était imparti.

La chapelle avait la forme d'une croix, c'est normal. Derrière le chœur, autour du déambulatoire, s'ouvraient trois chapelles secondaires. Dans la première, au fond, se tenaient les sœurs en blanc, coupées de la vie par de grandes grilles et un voile noir qu'elles rabattaient sur leur visage – miserere, j'ai peur. A droite, les filles de la maison de redressement, elles aussi derrière de grandes grilles, en uniforme marron. On racontait sur elles des choses horribles. Elles sortaient avec des Américains. Cela me semblait bénin, moi j'avais bien tendu la main. Elles faisaient le mur – je ne sais comment, il était si haut – et surtout, l'âge aidant, certaines de leurs aînées se retrouvaient dans la chapelle de gauche avec les filles repenties, les sœurs Madeleine, cachées derrière un immense moucharabieh. Les véritables pensionnaires, dont nous faisions partie, portaient un uniforme noir ou gris, et priaient face à l'autel, sans grille, ce qui nous laissait un peu d'espoir sur notre avenir. Vous pouvez imaginer combien on priait pour la rémission de nos péchés. Ma religion devenait bien défensive.

Une odeur malsaine d'enfants mal lavées régnait dans le dortoir. Certaines se mortifiaient, d'autres dormaient deux par lit; avaient-elles peur? Il fallait se laver sans se montrer. Il y a toute une technique pour se laver sous une chemise de nuit. Tout cela m'était égal. Moi, je voulais faire plaisir pourvu qu'on m'aimât un peu. Le jour du bain mensuel arriva. Je l'appréhendais depuis longtemps. Je ne savais que faire dans ma cabine où j'étais seule. Fallait-il se déshabiller ou pas? Se mettre nue ou pas? Pour ne pas démériter, j'ai enlevé mes chaussures afin de ne pas les abîmer; ma jupe aussi, car aussi cela ne se pouvait pas et je suis entrée dans le bain avec les vêtements restants, n'étant pas très sûre de ce que je faisais. Quelle ne fut pas la stupéfaction de la sœur lorsqu'elle me trouva assise dans le bain, trempée, attendant je ne sais quoi. Après un moment d'effroi, elle partit d'un éclat de rire qui me sauva d'un trop grand ridicule.

Mais avec tout cela, je ne fais que régresser. Je ne suis plus qu'une plaie. En plus de l'eczéma, j'ai attrapé la gale, alors il faut frotter à la brosse, au savon noir. Cela s'infecte. J'ai mal. Quand donc tout cela finira. J'ai froid. J'ai faim d'amour, je souffre, quand viendrez-nous nous chercher?

Là-bas les sœurs font du prosélytisme ; peu à peu elles circonviennent ma sœur aînée et l'incitent à se faire novice.

Parents, tantes, oncles, au secours ! Nous nous noyons.

C'est dans ce pensionnat que je revois mon père pour la première fois. Il est rentré de déportation depuis de longs mois, sur une civière, ne pesant que quarante kilos.

Des retrouvailles dans un parloir noir. Nous étions empruntées, ne sachant que dire. Nous apprenons ce que nous pressentions, elle n'est pas revenue, partie on ne sait où, en fumée dans l'azur, et peu à peu, mon père se met à raconter : Paris, Vel d'Hiv, Drancy, le train, le convoi, la chambre à gaz, les fours crématoires, la fumée âcre…

Vous en savez peut-être plus que moi, car à partir de ce jour, après cette descente aux enfers, j'ai tout fait pour ne plus l'écouter. Pourtant il avait besoin de parler. Mais ciel ! Je ne pouvais devenir sa mère, moi qui en manquais.

Père, reviens nous chercher !

– Oui, bientôt.

Nous resterons encore de longs mois dans ces sinistres murs. Peut-être allai-je à l'école, puisque je revois encore la classe.

J'y ai appris que Dieu avait une barbe. Qu'il se tenait dans le ciel avec un doigt vengeur pointé vers la terre. C'était mon interprétation de la création du Monde de la Sixtine – excuse-moi Michel-Ange, je ne te connais pas. – On m'a montré à dessiner des cloches de Pâques, je faisais ça toute la journée, dans un geste compulsif. Peut-être des maîtres ont-ils parlé, je ne revois aucun visage et de toute façon, je n'ai rien entendu. Au point où en était ma scolarité, cela n'avait guère d'importance. De toute façon je ne faisais pas de bruit, je ne dérangeais personne.

Pourtant j'espérais, j'espérais… Mais que vais-je devenir sans toi, ma mère ? Je sais que je ne peux compter sur mon père. Il n'est jamais là, il n'a même pas su veiller sur toi. Comment ferais-je pour devenir grande, moi qui n'ai pas eu d'enfance ? Comment tenir plus tard un enfant dans mes bras si je ne peux t'imiter… ? Il me faudra tout inventer.

Pour l'instant la réalité est trop dure, il me faut m'évader et je continue ma double vie, sachant toujours, je ne sais pourquoi, jusqu'où il ne faut pas aller trop loin.

Je ne veux pas descendre dans le gouffre de l'inexistence ; je ne veux pas que le soleil se couche avant que je l'ai vu naître. J'ai droit à la montée de la lumière. Je veux la voir se renforcer. Je veux vivre avant midi. Comment ? Mystère, mais je le sais.

Je ne veux pas être cristal, même s'il est pur ; je ne veux pas être statique. De la fusion de vos corps est née une âme et si malgré tous les aléas, je suis là, c'est une chance et je ne la laisserai pas perdre.

Je suis l'eau irisée au-dessus du rocher, atomisée, éclatée. Je suis nébuleuse dans l'immensité, comme ma mère qui est partie dans l'atmosphère ; d'où ma confusion, c'est pour cela que je ne comprends rien de tout ce qui se passe autour de moi. Il faudra bien que je me reconstitue. Le plus tôt sera le mieux. J'y parviendrai.

Je sais que je ne peux rester immobile. Alors je ris, je souris, parle, saute marelle, le ballon bondit, à chat perché toujours la première. Je m'échappe, vous ne me rattraperez pas. Puisque rien ne m'est donné, je le prendrai, je ne serai pas une assistée.

C'est fini, on vient nous chercher. Je me remets à chanter. Tout est possible, tout est permis, même l'espoir. Ma joie est immense, je cours dans la prairie, je crie, je ris, je chante, la vie et l'espoir sont là.

Nous sommes faits pour vivre et pour aimer ; mon pouvoir d'aimer est illimité, l'enfant que je suis le sait.

Mon père va se remarier. Enfin un foyer ! Nous sommes prêts, on veut bien, on bat des mains. Fini les internats. Il y aura un mariage, ce sera la fête.

XIII

L'évacuation des camps

Ce fut tellement horrible. À ce moment précis, beaucoup y ont perdu la vie. Les autres, pendant cette évacuation, ont vu mourir des êtres très chers, des parents, mais aussi ceux et celles avec qui ils avaient pu nouer quelque chose, une solidarité sans nom, une patate pourrie, un verre d'eau, un bol de soupe infâme dont l'un s'était privé, sentant que pour l'autre c'était vital. Les Russes avancent à l'Est, les Alliés à l'Ouest ; au milieu, les camps. Un désordre innommable s'installe. Les SS sentent que pour eux c'est la fin. Se réveillent-ils des horreurs commises, probablement pas, ils ont peur pour leur vie. En attendant, ils tirent sur tout ce qui bouge. Mon père fera cette longue marche en soutenant son jeune compagnon, lui-même ne pesant plus que quarante kilos. Avant tout il fallait survivre, et même si les privilégiés n'ont pas toujours, voire pas souvent, été solidaires, les autres pauvres bougres ont souvent eu le geste qu'il fallait. L'horreur était tellement extrême, que l'on peut imaginer qu'un homme faisant partie d'un « sondern kommando », ait été obligé de mettre dans le crématoire un membre de sa famille. Alors des esprits rationnels pourraient se demander aujourd'hui pourquoi ne pas se lancer contre les barbelés électrifiés. Penser : autant mourir maintenant. Eh bien non, plus de rationalité, il fallait survivre. Pour certains, l'obligation de pouvoir témoigner un jour leur a permis de trouver une motivation pour ne pas se suicider.

Si l'arrivée des troupes alliées au voisinage des camps débuta dès janvier 1945, mon père n'arriva à l'Hôtel Lutétia à Paris qu'en mai 1945.

Lui, juste avant l'évacuation, fait fonction de médecin au camp de Buchenwald-Ohdruf. Il peut obtenir de cette façon qu'un certain nombre de ses camarades obtiennent des journées à l'infirmerie, et cela, c'est vital. Le 1er février 1945, quelques cas de typhus exanthématique se déclarent dans le camp. Se servant de ces quelques cas, mon père obtient – avec menace de pendaison pour lui, en cas de fausse déclaration, l'arrêt du travail pendant trois semaines, et ce, malgré l'opposition du chef de camp. Pour prouver que ce typhus est une réalité, il fait recueillir chaque jour des poux qu'il va montrer au chef de camp, il déclare par ailleurs de faux nouveaux cas de typhus. Il nous raconte tout cela, bien entendu, je ne comprends rien, j'emmêle tout.

A l'Hôtel Lutétia, personne pour l'attendre. Après des soins dans quelques hôpitaux, il fut rendu à la vie civile avec une aumône. Son appartement était occupé par la famille d'un collaborateur haut placé. Et même si celui-ci avait été fusillé à la Libération, sa femme avait gardé l'appartement, car les autorités ne pouvaient pas mettre à la porte cette femme qui y travaillait. Il y avait des emplois à sauvegarder, et ma foi, il ne s'agissait que d'un Juif spolié avec quatre enfants en bas-âge.

XIV

– Je vous trouve bien souriante aujourd'hui !
– Oui même dans l'horreur, il y a des moments souriants.

– Flash

« Libre », « libre », crie le Génie lorsqu'il sort de son amphore dans le conte des Mille et une nuits.

J'avais onze ans et je voulais mordre la vie à pleine dents.

Mais de foyer, il n'y en avait pas. Au lieu de quatre, nous étions cinq. Ma belle-mère avait une fille unique. Les mots fraternité et solidarité lui étaient étrangers. Et l'on ne voulait pas de nous. Le mariage eut lieu. Y eut-il une fête ? On me l'a dit. Nous ne l'avons pas vue, mes sœurs et moi n'étions pas invitées ; de cela, nous étonnâmes quand même.

Cela commençait bien ! En moins de temps qu'il ne le faut pour l'écrire, nous étions à nouveau exclues.

Comment peut-on décevoir aussi souvent des enfants ! C'est le flux et le reflux perpétuel. Une pulsion me pousse vers la vie et sans arrêt on me coupe les ailes.

Nous nous retrouvâmes pour la quatrième fois en pension.

Mon père parle :

– Mes enfants, ne soyez pas inquiets, ne vous en faites pas, je viendrai vous chercher. Il s'agit d'une pension spéciale pour enfants de déportés. Montmorency n'est pas loin de Paris et il y a un magnifique petit train pour y aller.

Je m'en souviens comme si c'était hier. C'est le « tacot », un train à impériale fantastique. Pour monter à Montmorency, il souffle, souffle, crachote ; on a l'impression qu'il n'arrivera jamais. Pour redescendre sur Enghien, il va tellement vite que de peur on s'accroche aux portières, en craignant qu'en cas de nécessité il ne puisse s'arrêter.

Le jeu était de ne jamais payer. Avait un gage celui qui s'était laissé aller à offrir quelques sous à la SNCF.

– Simone, tu veux aller à la messe, tu iras.

Je ne sais pourquoi, c'est la seule condition que je pose. Je porte une petite croix autour du cou.

Nous arrivons au « Beau Séjour », une grande villa près de la gare, avec un peu de terrain autour. Une villa ouverte à tout vent. C'est la maison courant-d'air. Vous en avez compris le symbole. Ici pas de grille, les enfants ne le supporteraient pas. Cette pension a été rebaptisée « Le Renouveau ». Nous chanterons les Saisons de Haydn ou de Vivaldi. C'est plein de bonnes intentions.

Un jour dans une émission de radio, nous entendons la directrice parler de la méthode éducative qu'elle utilise pour nous : « La pédagogie psychique. » Nous sourions et composons une chanson.

Ce sont des enfants juifs dont les parents sont morts en déportation, qui ont beaucoup souffert, et sont plutôt révoltés. Devant tant de malheur et de peine, notre quatuor semble privilégié. Nous avons notre père ; aussi ne nous distribue-t-on jamais ni gâteries ni vêtements puisque notre père est censé nous les fournir. Nous nous sentons lésés de tous côtés.

Jamais contents disent les adultes.

Pourtant une fois tout de même, j'eus accès au sacro-saint appartement de Mme François. Je tombai gravement malade ; à la lumière du jour, je devenais rouge comme une pivoine, avec maux de tête, puis s'ajoutèrent des douleurs abdominales intenses, et dans mon souvenir une perte de conscience pendant plusieurs jours. Pourquoi je ne fus pas hospitalisée, mystère. Je me fis dorloter apparemment pendant plusieurs jours. C'était donc un accident de photosensibilisation. Au début de mes études de médecine, lorsque je lus que le solde en était ou la mort ou la guérison sans séquelles, je fermai précipitamment le livre. On ne sait jamais. Je n'entendis plus parler de cette maladie.

La révolution, nous la faisons à 12-15 ans ; pas besoin de lire Marx ou Engels, ici c'est la révolution permanente. Ne laissez jamais une porte fermée, elle ne résiste pas, mais même si vous la laissez ouverte, nous passons par les fenêtres au risque de nous briser le cou. Ne fermez jamais à clé une armoire, elle est défoncée automatiquement. Il y a bien des dortoirs distincts de filles et de garçons ; il n'est pas rare de trouver deux têtes dans un lit et des lits vides à côté. Il est tout de même interdit de pénétrer dans la chambre de la directrice Mme François ; cependant elle se sent incapable de faire respecter le moindre interdit.

Peut-être n'en a-t-elle pas envie. Je pense qu'elle fait même exprès de truffer ses armoires de tablettes de chocolat, sachant bien que nous les chipons. Ce n'est plus de la pédagogie, elle est complètement dépassée. Les heurts sont fréquents. Pauvres moniteurs, ils sont pratiquement aussi jeunes que nous. L'un chante une romance, celui qui résiste un mois a un bon point. Il est dix heures du soir, c'est l'hiver, il gèle à pierre fendre. On nous suggère d'aller nous coucher. Qui ose nous interpeller ? C'est un mot de trop. Nous nous retrouvons tous dans une rue en pente, certains en pyjama avec un gilet pour tout vêtement chaud. A cette heure tardive nous voulons faire de la luge. Il n'y en a pas. Alors pour glisser, nous utilisons les dictionnaires, les Littré et les Larousse. Au sens réel du terme, la littérature, nous nous asseyons dessus. Il faudra beaucoup de persuasion pour nous convaincre de rentrer nous coucher. Mais ici comme dans toutes les pensions, le seul endroit qui vous est alloué, c'est votre lit. Aussi on s'y cache le plus souvent possible, pour rêver ou pour pleurer.

À cette époque, toute mon énergie était mue par une seule préoccupation : la voir, elle, la sentir, la toucher, la reconstituer tel un puzzle, entendre sa voix. De son visage, j'essayais de retrouver pièce après pièce, un coin de lèvre, la pointe du menton, le nez légèrement recourbé. Je me souvenais essentiellement de ces immenses yeux de myope qui, une fois pour toutes, avaient refusé de voir le monde tel qu'il était. Sans lunettes, et elle n'en portait généralement pas, ses yeux percevaient chaque chose à travers une brume et le contour des choses en devenait irréel. Ses sentiments, même, devaient être émoussés et la vie lui en être plus supportable. Et sa voix, comment faire pour en retrouver le timbre ? Était-elle gutturale ou harmonieuse ? Coulait-elle comme un mince filet d'eau ? Semblait-elle résignée, presque inaudible ? Modulait-elle des accents rauques et volcaniques lorsqu'elle grondait ?

Je dors entre deux portes, c'est-à-dire en plein courant d'air, puisqu'elles sont toujours ouvertes. J'irai d'angine en angine. Au moins lorsque la fièvre vous gagne, vous avez acquis le droit de délirer un peu, de régresser, de vous faire bercer. Justement c'est un grand garçon qui est préposé à cela ; dès qu'un petit est malade, il arrive, le câline, le soigne, le berce, l'embrasse. Il s'identifie à sa mère, je le sens bien, aussi je me laisse faire, nous nous faisons du bien.

*

* *

Le premier dimanche de notre bref séjour qui, en fait, dura deux ans, arriva. À l'heure du réfectoire, pendant le petit déjeuner, nous posons ingénument la question :

– Où a lieu la messe ?

Je vous l'ai dit, c'était ma seule condition pour rester dans cette pension. Après un moment de stupéfaction, un éclat de rire général s'élève, va se gonflant, s'amplifiant, remplissant la pièce, faisant trembler les vitres. Si c'était une chorale, ce serait bien beau. Puis la masse sonore va diminuant, decrescendo, pour repartir aussitôt. Les tasses se renversent, tout le monde pleure de rire et nous d'humiliation. Ils tombent de leur chaise, se tapant sur les cuisses, se couchent sur les tables! Bref, on s'est moqué de nous. Qu'ils rient de nous, c'est normal, mais de la part de mon père, c'est impardonnable. Je lui en veux. On ne trompe pas des enfants comme cela pour la énième fois.

Excuse-moi mon père, si je t'égratigne un peu. J'ai beaucoup de respect et de tendresse pour toi. Pour tout ce que tu as enduré, pour la façon dont tu t'es comporté en certaines circonstances. Pour toutes les vies que tu as sauvées dans les camps de concentration. Les rares qui survécurent ne furent pas tous reconnaissants.

Tu es plein de charme, peu d'êtres te résistent ; même dans l'adversité un sourire demeure au coin de tes yeux. Mais vois-tu, nous aurions préféré avoir un père que dans nos rêves nous puissions identifier à un héros, plutôt qu'un héros qu'il nous fallait transformer en père. Tu es un personnage de Tchékov, et peut-être un peu du siècle dernier.

On nous refuse la messe. Alors avec Claire, ma voisine de lit, une blondinette qui a déjà tellement souffert, nous conspirons. Puisqu'on nous refuse le droit d'y aller, nous irons. Cela ne se raisonne ni ne se discute. Elle est Juive jusqu'au bout des doigts, même pas baptisée comme moi ; de la religion, elle n'a cure, mais puisque cela m'est refusé, elle viendra. Solidarité oblige. Nous utilisons des ruses de Sioux, nous sommes des catéchumènes et nous croyons nous rendre dans les catacombes. Peut-être avons-nous lu « Quo Vadis ». Le samedi soir, nous mettons en boule nos vêtements, les cachons sous le matelas, seule cachette à notre disposition. Le dimanche matin, nous nous levons très tôt et sans faire de bruit nous sortons de la pension, craignant d'être vues, rattrapées, ridiculisées. Dans la rue nous longeons les murs, de crainte d'être reconnues. Nous assistons à la messe sans nous faire remarquer. Claire m'imite ; je l'initie aux secrets de la prière, j'en suis fière. Puis très vite, sans nous attarder, nous rentrons. Le petit-déjeuner est servi depuis longtemps. Nous nous asseyons, attendant les questions. Personne ne nous a vues et tout le monde s'en fiche. Nous insisterons trois ou quatre dimanches, espérant nous faire remarquer. Lorsque nous aurons pris conscience que notre manège n'intéresse personne, que nous n'avons aucune chance d'être des martyrs nous avons déjà donné nous interromprons nos équipées. Car tout compte fait, on n'est pas mal au lit le dimanche matin.

Bamboula, était-ce André, Léon, Jean ou Pierre ? Il n'a de noir que les cheveux, avec de grands yeux bleus. Il n'a que dix ans, et petit avec ça. Il est immobilité, vous connaissez. Le plus souvent prostré, parti dans je ne sais quel univers. Mais quand il s'éveille, il ressemble à un géant, il devient immense ; lorsqu'il s'étire et émet son cri de guerre, ses cheveux se hérissent formant deux coques, un morceau de carton lui sert de bouclier. Il se hisse sur un meuble et de là saute de lit en lit en hurlant le mot de rassemblement : « Caca général » – excusez l'expression, c'est lui qui l'a inventée. Cette poussée de fièvre peut être provoquée par la moindre peccadille. Nous ne tolérons rien, nous sommes les justiciers. Après ce cri unique mais entendu de toute la pension, survient un moment de silence. Le temps est suspendu, même les poussières n'osent plus vibrer. Puis un souffle provoqué par je ne sais quelle déflagration, d'une puissance atomique, met toute la maison en révolution. Après cela, quelque vingt ans plus tard, mai 68 me semblera bien pâle. C'est la crise collective, le psychodrame. Nous déboulons dans le jardin. Dans le petit pré où il y a bien longtemps que l'herbe découragée a renoncé à pousser, seules les feuilles de l'orme osent encore frémir. Un vent fou déferle sur nous, mais ce que nous croyons une tempête fait bien rire le fond des océans. Les tractations commencent, entre Mme François, les moniteurs et nous. Elles durent toute la nuit. Ils ont gagné, nous n'avons pas perdu. Nous sommes au lit.

*

* *

Les adultes déclarent :

– La fête, il faut faire la fête.

Ils ont besoin de fêtes. On ne peut les laisser ainsi. Alors, chaque mois est organisée une représentation complète, chant choral, danses. Des locaux sont aménagés en théâtre. Scène, sono, rideaux, chaises, tout est installé. Répétitions tous les soirs. Saynettes, poèmes, chants, danses folkloriques russes ou tchèques. Nous travaillons un répertoire complet. Dans toutes les chambres, ça joue, ça chante, ça danse, ça crie, ça se bat ; des rivalités se font jour. Lors de la première représentation, les familles rescapées sont invitées. On nous fait entonner en cœur « Ce n'est qu'un au revoir mes frères ». Erreur, qui a eu cette idée ? Le premier vers passe, nous ne chanterons jamais le deuxième. Nous sommes tous effondrés à terre, la tête dans les bras, ne pouvant articuler un mot de plus.

L'éternité, c'est beau, très beau, nous sommes déjà à des millions d'années-lumière. Pour des enfants sortant de l'enfer, c'est trop. Il est plus important de nous ramener sur terre. Il nous faudrait Messiaen et le Chant des oiseaux.

Pour oublier, nous dansons, nous dansons à perdre haleine. Mme Nina Tikhanova est la chorégraphe. Nous chantons. Il nous faut du rythme, des envolées, des échappées ; rattraperons-nous cette note partie là-bas dans le cosmos ? Pour décoller, il faut une fusée, nous dansons de plus en plus vite, nous devenons tourbillon. Où serons-nous entraînés ? Vers les fonds abyssaux ou dans le ciel d'été ?

Lina est notre star, une petite blonde aux yeux exorbités ; après ce qu'ils ont vu, rentreront-ils dans leurs cavités ?

Elle danse, fait la toupie ; dans Petrouchka elle est inoubliable. Lorsqu'elle tourne, virevolte, sa jupe relevée, nous sentons qu'elle nous oublie. Les pas de danse sont hongrois, russes ou tchèques. Si des volontaires sont demandés, nous les trois sœurs, nous disons toujours oui et nous sommes de toutes les répétitions. Ainsi toutes les soirées sont occupées. La scolarité, nous l'oublions.

Nous chantons, dansons dans des concerts, à la radio. Les dons arrivent de toutes parts, sous toutes les formes. Argent, colis, cadeaux les plus inattendus. Le monde entier a pitié de nous. Que je n'aime pas ça ! Un peu de ma joie s'en va. Encore un piège si nous ne veillons point.

Nous nous apaisons lorsque nous sommes réunis pour la chorale. Un courant passe. Nous nous mettons à vibrer. Le deuxième mari de la directrice est un musicien viennois, un rescapé, Mr Léo. Il nous fait chanter Mozart. Nos cœurs se calment. « Gloire à toi soleil, source de vie et de lumière », et aussi l'Hymne à la joie de Beethoven et des chants folkloriques de tous les pays.

Toute représentation commence par l'hymne du Renouveau. De qui sont les paroles ? Je ne sais, la musique est de Brahms, je crois :

« Quand le soleil se lève sur la terre
Et que la vie reprend à nouveau
Nous pleurons nos pères et nos mères
Et maudissons sourdement leurs bourreaux ».

Mais je ne sais pas haïr, cela m'est étranger. Si un oiseau chante, c'est que quelque chose est encore possible. Si un timide rayon de soleil pointe son nez, la fleur peut encore sourire.

Je me dois de refuser la haine imposée.

Cependant, le mot « fascisme » est un mot de haine. Quand Hitler est mort, il était riche de six millions d'âmes juives, sans compter les millions d'autres. S'imposait alors à moi l'image de la voûte céleste que ces millions d'âmes, vibrant dans le ciel nocturne, saupoudraient d'une poussière d'éternité. Elles avaient disparu, telles les étoiles qui s'éteignent au petit matin. Ah ! Que longue et dure était la journée, il fallait patienter et attendre la nuit pour pouvoir les retrouver.

Avec le temps, cette sensation s'estompa, mais je la ressentis à nouveau récemment, le jour où j'entrai seule dans le mémorial de Yad-Vashem à Jerusalem. Alors je perçus sortant de terre une vibration sonore. C'étaient les voix de ces millions d'êtres réclamant la vie éternelle.

*
* *

Génia est la sœur de Bamboula, comme lui de grands yeux ouverts sur le vide., Des boucles brunes encadrent son visage plat. Elle est très jolie, très fantasque. Sa défense : le rire, elle rit tout le temps ; c'est bien un peu hystérique, mais c'est important. Elle a treize ou quatorze ans, c'est incontestablement la plus belle d'entre nous. Elle sait aussi se servir de son sourire, de sa beauté.

Nous sommes en vacances, ma sœur aînée et moi en Haute-Savoie. Une forme de colonie de vacances où nous sommes livrés à nous-mêmes. On nous laisse seuls sans moniteur. Cela doit faire partie de la pédagogie de notre directrice. Le chalet se trouve dans la montagne entre deux hameaux (Torchebise et Sèchemouille), près d'Haberlullin, je ne l'ai pas inventé.

Nous sommes calmes, libres, nous vivons en communauté. Pas de cuisinier, pas de lingère. Il doit y avoir quelqu'un chargé des courses, peut-être les grands, je ne sais. Tout semble aller de soi. Il y en a bien une qui tente de se suicider. Nous l'entourons, nous seuls, des enfants, avec leur instinct de conservation. Les psychiatres ne s'en mêleront pas. Nous savons tout faire. Moi par exemple, je lave mes socquettes blanches à l'eau de Javel pure ; j'apprends à mes dépens que cela ne se peut pas.

Le chalet est en très mauvais état. J'espère qu'il y a plus de tuiles sur le toit qu'il n'y en a par terre. Cependant il pleut à l'intérieur. Des trous énormes dans les planchers. Il faut être très expert pour ne pas se retrouver à l'étage inférieur sans passer par l'escalier.

Les garçons s'octroient le rez-de-chaussée, les filles l'étage. Nous sommes vingt, vingt-cinq au plus. Lorsque nous désirons isoler nos voix de celles des garçons, nous mettons une planche sur le trou au centre de la pièce. Un soir, au moment de nous coucher, un immense cri rauque traverse la pièce, c'est Génia qui hurle :

« Les voilà ! »

Nous nous précipitions à la fenêtre.

– Qui ça ?

Nous ne voyons rien ni personne sur le chemin qui monte au chalet.

– Qui, Génia ?

– Mes règles, j'ai mes règles.

Nous la félicitons, nous nous congratulons. Les petites moyennes sont bien un peu jalouses. Encore une qui passe dans le camp des grandes. Nous faisons un énorme charivari en oubliant de mettre la planche sur le trou du sol.

Les garçons se fâchent et crient qu'ils vont monter si le calme ne revient pas.

– Non, ne montez pas, on ne veut pas de vous, cela ne vous concerne pas.

La nuit, nous entendons d'étranges bruits, des pas lourds, des rythmes effrénés, des conciliabules. Et le lendemain à l'aube avant que nous nous levions, les garçons pénètrent dans notre chambrée, les uns derrière les autres. Le premier tient une fleur à la main. Ils dansent sur un rythme lent un chant qui leur vient du fond du cœur ; ils l'ont inventé cette nuit. Certains sont poètes, d'autres musiciens, sans avoir jamais rien étudié. Puis le rythme du chant s'accélère : c'est le Sacre du Printemps.

A tour de rôle, ils embrassent la nouvelle élue, plus rouge qu'une pivoine. Ce fut une grande fête initiatique. Nous avons festoyé ce jour-là, avec ce qu'il y avait : pommes vertes arrachées aux arbres, et pommes cuites sur la braise et peut-être encore d'autres choses. Ce dont je me souviens avec certitude, c'est de cette tendresse et de cette très belle fraternité.

Durant l'année, à part deux ou trois qui vont au lycée, nous allons tous à l'école communale. Aucun de nous n'ayant de véritable niveau scolaire, on nous disperse dans les classes en fonction de nos âges, nous octroyant seulement à chacun une année de retard. Sept filles de la pension dans la même classe, le directeur ne mesure pas la tourmente qu'il va déclencher.

Je dois avoir fait là une sixième, mais de l'histoire ancienne, je ne ferai la connaissance que beaucoup plus tard, avec mes enfants.

Nous semons la terreur. L'instituteur inaugure sa première année d'enseignement, il donnera sa démission. Pardon, Mr Q..., vous avez bien mérité de la Nation.

Étant la plus calme, il essaie de m'acheter en me confiant le carnet de notes et de bons points. Pendant que les filles sages voient leurs points diminuer, les diables de ma compagnie se retrouvent le soir avec des gerbes de bonnes notes. L'instituteur n'ose rien dire, il a peur de nous.

Un jour, O… qui ne sait rien sur rien comme la plupart d'entre nous, estime être victime d'une injustice ; sa note est manifestement trop basse à son goût. C'est simple, le lendemain, sept garçons de notre pension, l'air plutôt menaçant, sont assis à nos côtés. La note d'O… remonte. Pour l'anniversaire de notre instituteur, nous décidons d'organiser une fête. Il donne gentiment son accord. La fête fut homérique. Châtaignes, biscuits apportés par les enfants de Montmorency. Cette fête bien commencée se termina en cauchemar pour notre instituteur. Nous nous sommes vraiment mal conduits.

Puis arrive Noël. Nous préparons cet événement un mois à l'avance. Il faut qu'il soit grandiose. La contradiction évangélique ne nous soucie pas. Enfants juifs, fêtant la naissance de Jésus. Un sapin majestueux est installé dans le grand salon, il touche le plafond. Banderoles, décors, divers dessins, petits paquets, chacun est invité à décorer l'arbre. Tous les yeux brillent avant que les lumières ne scintillent. Une grande représentation est prévue, nous participons tous à la préparation. Un festin est commandé. Et puis, mon père décide que nous passerions Noël chez un ami, un ancien clown triste et solitaire qui habite Drancy, ville on ne peut plus sinistre dans nos esprits. Nous étions probablement un peu égoïstes, mais ce fut encore un Noël sans joie ; nos yeux restèrent secs, mais nos cœurs pleurèrent.

*
* *

Mon sourire cache-t-il une violence ? Ne pouvant l'exprimer oralement, mon corps l'exprime autrement, j'en ai l'habitude.

De la violence, il faut bien parler puisqu'il y en avait.

Je sens qu'elle est là tapie au fond de moi ; qu'un rien peut la faire éclater ; mais que je ne dois pas m'y plier.

Mon immobilité est violence.

Mon sourire est violence.

Mon eczéma est violence.

Mais si je laisse éclater mes colères, je suis encore piégée. Seule je me raisonne, j'analyse. Mais ensemble, nous nous laissons aller. C'est peut-être comme cela que les guerres sont nées.

Mes bouffées de violence sont brèves, tels des geysers. Quelquefois mon volcan fume pour se prouver qu'il est bien là ; puis il se calme, sentant la vanité de trop d'agitation. Tout de même la planète s'en trouve modifiée.

Au Renouveau, ce n'est qu'ensemble que nous nous laissions emporter par notre violence. On n'osait rien nous interdire, les adultes craignaient cette lave destructrice. Elle ravageait tout et il fallait beaucoup de patience pour calmer tout ce petit monde.

Violents, nous le sommes tous, c'est banal. De menus larcins, nous en commettons tous. Moi, ma spécialité c'est les châtaignes. Je les chipe aux éventaires des commerçants, une par ci, une par là, elles remplacent un savoureux dessert.

Jojo, lui, donne dans la démesure ; il pille les librairies, vole les livres, au vu et au su de tous. Comment le lui reprocher, il a faim de rêves, il a besoin de décrocher. Cela ne se fait pas, on ne prend pas ce qui n'est pas à soi. Nous lui disons d'arrêter, il ne veut pas, il ne peut pas, il entre en crise. Ses colères sont fulgurantes et aussi profondes que sa peine. Si nous ne l'en empêchons, il ne pourra se contenir ; l'abîme, le gouffre menaçants sont là. Comment suspendre son attirance pour le vide ?

La directrice ne le contrôle plus, il est allé trop loin et devra changer de pension. Elle et lui partent pour la gare. Lorsque le train arrive, Jojo la menace : « A ma sortie de pension, je te ferai la peau. » Elle prend peur et le ramène parmi nous. On lui fait une ovation, c'est un héros, mais il déstabilisera la pension.

Mon père, tu avais raison, la pension était spéciale. Nous y avons appris les mots : Amitié, fraternité, solidarité.

– Merci.

Mais pas le mot scolarité.

XV

Mes parents étaient deux grands oiseaux blancs qui avaient mal appris à voler. Les circonstances de leur naissance, j'en ai déjà parlé.

Dans leur migration entre l'Espace et le Temps, ils se laissèrent emporter, et dérivèrent avant de se perdre dans l'Éternité.

Ne pouvant plus lutter contre le vent, et la méchanceté, pour remonter le courant, ils nous déposèrent sur cette terre hexagonale.

Française, je le suis jusqu'au bout des doigts. Je ne me connais pas d'autre nationalité. Mon attachement au sol français, ce n'est pas à je ne sais quel croisé que je le dois, mais au fait que j'y suis née.

Pourtant en 1947, « apatride » est un mot nouveau que j'apprends, mon vocabulaire s'enrichit.

– Allons enfants de l'apatride! chantons-nous à pleine voix.

Évidemment, de naissance je suis russe, roumaine ou polonaise née en France, aussitôt naturalisée [1] – devoir de

1. naturaliser: conserver (un animal ou une plante) par naturalisation (empailler) (Petit Robert).

sciences naturelles ; serais-je un oiseau empaillé ? -. Notre première langue, la tour de Babel. Il a bien fallu un jour se décider à parler et ce fut en français puisque toi, ma mère, tu n'as pas su me susurrer des comptines en yddish ou en polonais. Personne ne t'en avait jamais chanté.

Alors péniblement j'apprends le français. Mon vocabulaire sera limité, on me le reprochera suffisamment.

Il fallait penser aux choses sérieuses : la scolarité. Il semblait donc sage de rentrer dans le foyer de notre père. L'expérience dura deux mois au bout desquels ma jeune sœur et moi nous nous retrouvâmes en Belgique. Nous tournons en rond, telles des marionnettes ou comme la feuille emportée par le vent.

1948 : L'État d'Israël vient d'être créé. Alors mon père décide d'émigrer. Cette fois tous les quatre nous formons coalition : nous n'irons pas, nous nous échapperons, mais nous n'irons pas.

Je veux bien migrer comme les oiseaux, mais je veux que les saisons me ramènent à ma terre. J'ai besoin d'un nid où me chauffer. J'aurais aimé me cacher sous ton aile, oh ! ma mère. Mais émigrer, il n'en est pas question, je suis française et je veux le rester.

Nous voici donc, à Bruxelles, chez une de nos tantes. Ce séjour fut une oasis dans le désert où les signes de vie étaient si bien cachés. Je retrouvai chez ma tante Adèle, une sœur de mon père, tout ce que je cherchais : joie, chaleur humaine et générosité. Nous nous retrouvions à nouveau dans une ambiance cosmopolite. On y parlait russe, roumain et français, non plus polonais. Mon oncle, en raison d'une malencontreuse particule attachée à son nom, avait dû quitter la Russie lors de la révolution en 1917. La cinquantaine extrêmement élégante, il traversait la vie en effleurant à peine la terre. Il travaillait par ce qu'il fallait bien vivre. Comptable de son état, chaque matin il s'en allait dans une mise impeccable, chapeau mou posé sur ses cheveux à peine grisonnants, chemise blanche sans un pli, avec un costume sortant de chez un bon faiseur. Revêtu d'une pelisse, une grande partie de l'année. Les ongles faits, bien lisses, sa main soignée s'appuyant sur le pommeau d'un magnifique parapluie qui lui servait de canne. Il partait, un cigare aux lèvres, un journal plié sous le bras. Son allure noble et fière avait peu de rapports avec son niveau de vie.

Ma tante, le matin, s'occupait du ménage. Mais l'après-midi, dans leur petit appartement de l'avenue Louise, tout était inversé. Elle devenait grande dame et recevait. La mode, elle la faisait. Elle était si belle, avec ses cheveux frisés, ses yeux noirs où il faisait si bon se noyer, que tout le monde l'adorait. Les parties de bridge duraient l'après-midi et quelquefois la nuit entière. Des borschs, des monceaux de gâteaux, des chocolats. Elle fabriquait tout elle-même le matin, car elle avait de petits moyens. J'étais émerveillée, c'était un conte; combien de temps cela durerait-il?

L'appartement était petit. Nous nous endormions dans leur chambre. La nuit, après le départ des invités, bien que nous fussions grandes et lourdes, ma tante faisait semblant de nous porter d'un lit à l'autre, nous enveloppant de son bras chaleureux. Au passage, elle nous glissait un biscuit au chocolat que nous laissions fondre dans la bouche. C'était un jeu exquis.

Et Dieu ? Quelle est cette notion ? Quelle étrange relation est-ce que j'entretiens avec la religion ?

Moi, je vous l'ai dit, je croyais, j'avais besoin de certitudes quand tout s'écroulait autour de moi.

Ceux qui m'affirmaient que Dieu existe avaient une telle assurance, qu'aucune espèce de doute ne pouvait m'effleurer.

Il me fait bien un peu peur, ce bon Dieu, avec son doigt accusateur, mais on me dit que son fils est toute bonté.

De toute façon, je suis bon public. Je crois tout ce que l'on me dit. Jamais le moindre doute, les adultes ont raison, et ceux que j'ai fréquentés jusque là m'ont surtout parlé de Jésus.

Mais Dieu est-il de justice ? Est-il de bonté ? Battez-vous, cela ne me regarde pas. Je suis le premier qui m'a attrapée. On m'a baptisée, alors aucun doute, je suis catholique.

Certes, certes, mais il y a une différence, me disent-ils, puisque je suis Juive, eux pas.

Alors, je m'examine dans la glace et je cherche ma différence. Je connais celle qu'il y a entre un garçon et une fille, mais cette petite amie qui me regarde, je la trouve si semblable à moi. Je cherche sur mon corps un signe. Non, cette différence doit être tapie au fond de mon âme ? C'est bien troublant tout cela. Ma tante a bien compris mon inquiétude. Elle aussi est Juive d'origine, très peu pratiquante. Tous les vendredi soir cependant, elle respecte le sabbat en allumant curieusement une bougie devant une très belle icône authentiquement russe, car son mari, mon oncle, est orthodoxe. Lui, il allume sa bougie le dimanche matin devant la même icône. Ma plus jeune sœur et moi, pendant ce temps-là, nous allons à la messe à l'église du coin.

De tout cela, rien ne nous choque ; au contraire, tout semble aller de soi. A quatre, nous pratiquons trois religions. Il doit bien y avoir une explication.

Comme je grandis, que mon esprit se désembrume, j'ai parfois de petites illuminations, et je demande :

– Il y a combien de religions ?

– Beaucoup, beaucoup.

– Et combien de Dieux ?

– Un seul, un seul pour nous, les chrétiens et les musulmans.

– Si c'est le même Dieu, pourquoi tant de religions ? Pourquoi tant de guerres de religion ? – Je viens d'apprendre cela en classe et je me sens très savante -.

– Et pourquoi les catholiques haïssent -ils les Juifs, tout en adorant un Juif ?

– C'est compliqué, ils disent que c'est toi qui l'a tué.

– Mais il y a deux mille ans ! Je n'étais pas née, mes parents non plus.

– Si ce n'est toi, c'est ton frère ou l'un des tiens, La Fontaine l'a dit.

– Pourquoi n'adorent-ils pas un romain ou un éthiopien ?

– Cette religion, petite, c'est Jésus qui l'a conçue, ou plutôt ceux qui s'en réclament, il a même été crucifié pour cela. Par qui ? Par qui ?

– Enfant, retourne dans ton coin.

– Je veux savoir, les religions ce sont les humains qui les créent ?

– Bien sûr, tu vois comme ils sont habiles.

– Pour tuer, pour tout embrouiller, oui, les humains sont habiles. Mais pour aimer, bercer, sécher une larme, c'est plus difficile.

Alors je me mets à pleurer, car on me prend même la religion à laquelle je m'accroche. Aussi je continue à questionner :

– Alors Dieu, qu'est-ce que c'est ? Le qui de la spiritualité ? le quoi de la matérialité ? Dites-le-moi, j'ai besoin de savoir.

– Bêta, plonge dans les yeux de ton voisin et tu le verras. Fais-lui un signe d'amour et il te le rendra.

– Dieu, c'est toi ? C'est moi ?

– Bien sûr, sans toi il n'existerait pas.

– Alors Dieu existe ?

– Tu l'as deviné, petite, c'est l'humanité. Sans elle cette entité ne serait pas.

– Et les oiseaux, les fleurs, les arbres, les prés, ce nuage qui pleure, ne sont pas Dieu ?

– Si, si, et même ils ne tuent pas en son nom.

– Et l'Univers, comment s'est-il organisé ? comment fait-il pour tourner ? La fin, le commencement, le temps ?

De réponse, il n'y en a pas.

Pourtant, ma tante, grâce à toi, j'ai fait un grand pas cette année-là. Je séchai mes larmes et méditai toutes ces révélations.

*

* *

C'est aussi à cette époque que commencèrent les vraies difficultés scolaires.

Si je suis ce que je suis, à la fois, rien et tout, ce n'est pas aux enseignants que je le dois.

Si ma scolarité fut si perturbée, ils n'en étaient sans doute pas responsables, ils n'en étaient pas la cause, je ne pouvais les accabler. Je devais me plier aux circonstances.

Tout de même, ils étaient les premières grandes personnes que je rencontrais et qui représentaient le savoir. Je pensais trouver en eux, en plus de la science et de la sagesse, un regard, une compréhension, un peu de bonté, un signe de reconnaissance, une interrogation. Des interrogations, il y en eut, écrites, orales, mais pas celles que j'attendais.

Nous quatre, nous fûmes les champions de l'instabilité scolaire. Écoles d'état, écoles privées, écoles religieuses, lycées français à l'étranger. Un jour chez les sœurs cloîtrées, le lendemain dans un établissement juif, laïque, communisant. Nous changions d'établissement au gré du temps et des événements, rarement le jour de la rentrée scolaire. Nous faisions notre entrée au milieu du trimestre, la veille d'une composition que nous rédigions sans l'avoir préparée, ce qui nous valait un zéro pointé.

Arriver dans un lycée avec un tel pedigree, on est immédiatement remarqué. Treize écoles jusqu'en troisième, nous ne passons pas inaperçus. On nous accepte par pitié, étant pupilles de la nation. Mais votre pitié, gardez-la ! Tout de même un peu de charité. Que l'on nous demande pourquoi, pourquoi tant de fautes à tous les mots ? Non rien, zéro.

Pourtant tous les quatre nous sommes des enfants très calmes. Nous avons compris qu'il faut poursuivre normalement notre scolarité. Nous faisons beaucoup d'efforts pour éveiller la sympathie, pour rattraper le temps perdu. Je suis en classe de cinquième. Au cours de français nous étudions Victor Hugo. C'est mon poète préféré. Il est vrai que des poètes, j'en connais peu. Le professeur, en nous dictant le sujet de la prochaine rédaction, nous suggère de l'écrire en vers, dans le style de Victor Hugo.

Il a bien un sourire narquois au coin des lèvres, mais moi dont l'entendement est limité, je souris béatement et je me mets au travail. Je m'exécute avec frénésie. Je trouve ce que j'ai écrit très beau, très enlevé. Ma copie n'est même pas lue. On me met un zéro ainsi qu'à deux ou trois de mes camarades qui ont fait comme moi. Il ne fallait pas oser. C'est un outrage au grand poète. Lorsqu'on ne connaît pas le sens des mots alexandrin ou quatrain, on s'abstient.

Je suis blessée.

Bien souvent on croit que j'écoute, et je suis avec l'oiseau là-bas. S'est-il envolé, je reviens, mais trois phrases se sont écoulées ; je reprends le discours n'importe où et je mélange tout. Cela m'arrive un jour en cours d'histoire. La professeur nous endort, ne sachant pas nous intéresser. Soudain, elle s'interrompt dans sa mélopée et demande le nom d'un peintre de la Renaissance, pointant ensuite son doigt sur moi. Je n'ai pas entendu la question, ma voisine par facétie me souffle : Pasteur. Notre professeur a descendu le cours du temps et a repris l'histoire à l'envers. Je n'étais pas là. Grand moment d'hilarité. Zéro. Je suis envoyée chez le censeur, je l'ai mérité.

Je suis en classe de quatrième et mon niveau en anglais est celui que vous imaginez. Le professeur pense que je dors au fond de la classe. J'ai pourtant les yeux et les oreilles grands ouverts. Je fais de gros efforts pour m'échapper moins souvent, lorsque par la fenêtre un rayon de soleil vient me frôler, lorsqu'une brise légère fait frémir les feuilles du peuplier. Je fais des efforts énormes pour comprendre, entendre, écouter, apprendre. Le professeur m'ignore, comment faire pour capter son regard ? La classe ayant démérité, elle nous menace. Du jour au lendemain nous devons apprendre tous les verbes irréguliers. Une seule solution, je passe la nuit dessus. Le lendemain, j'ai 20. Ouf ! Elle m'appelle à son bureau, me demande qui je suis. J'existe donc, et de ce jour s'intéresse à ma scolarité.

Je fais des progrès en anglais.

En allemand, c'est différent, le professeur se dit pro-allemand et suggère que les nazis après tout…

Je n'apprendrai pas un seul mot d'allemand.

XVI

Quinze, dix-sept ans. Plus de parents, ou si peu.

Plus d'espérance ?

Plus de scolarité. J'ai deux ans de retard.

Joie et harmonie ne seraient pas pour moi. Le vide de ces quinze, dix-sept ans, comme il fut pesant ! Je ne possédais rien pour m'exprimer, ni le langage, ni l'écriture, peut-être un sourire lorsqu'il daignait se montrer. J'étais laide et mal habillée, à l'âge où tout devait s'ouvrir, où les filles sont fleurs. A l'âge de tout, tout de suite, toujours, ici et maintenant. A l'âge où perception devient réalité.

L'Ambiguïté, je la retrouvais jusqu'à mon prénom : S, Sima, Simone. C'est simple et compliqué puisque d'identité, une femme n'en a pas. Elle doit la créer, la chercher, la prendre, mais elle ne lui est pas donnée. Un prénom, c'est tout ce qu'elle a et le mien est tronqué : Sima, prénom de ma grand-mère morte si jeune, ou Simone avec mon devenir. De certitude, pas. Un garçon marche tranquillement, paisiblement, il sait où il va, et souvent il ne se presse pas.

A ma judéité, même, j'aurais aimé échapper. Ne me retenait ni la religion, ni la tradition. Cependant au nom de tous ceux qui étaient morts là-bas, je ne le pouvais pas. Il me manquait aussi des racines nationales, une mémoire, une Histoire, puisqu'un Juif est de partout et de nulle part à la fois. « Citoyen du monde », l'expression éclate de charme et de poésie, elle est souvent douloureuse à porter.

Et la désespérance, grâce à ma belle-mère, quand elle me confia, pour me blesser, que ma mère ne m'avait pas désirée.

Elle m'apprit ce que mon corps savait, mais que ma raison ne pouvait admettre.

Je descendis en moi et j'arrachai le petit bleuet que j'avais protégé contre vents et marées.

À dix-sept ans, je manquais un peu de discernement et je décidai de t'oublier, ma mère. Je sortis de mon rêve éveillé. Mes yeux ne pleureraient plus, mes larmes seraient intérieures. C'était un faux oubli, il était entaché d'un grand sentiment de culpabilité, mon corps me le disait. Je m'offris ainsi une grande poussée d'eczéma qui s'infecta et aboutit presque à une septicémie.

Ma mère, je crus pouvoir oublier ton nom, tes yeux, ta voix, que je m'inventais, ton visage que j'effeuillais.

Je fus près de haïr ma belle-mère, mais peut-être aurais-je dû lui dire merci, puisqu'il fallut bien redescendre sur terre.

Ce fut la seule période où la haine me frôla. Jusque-là, non, ce sentiment ne m'avait pas effleurée. J'avais plutôt vécu dans la terreur.

– Naître égale mort.

– Juive signifie mort.

– Guerre propage la mort.

J'avais longtemps pensé qu'à chaque instant le ciel pouvait me tomber sur la tête. J'étais enfermée sur cette planète qui m'apparaissait comme infernale. Il me souvient qu'enfant, je n'étais pas loin des croyances antiques sur l'univers : le feu entourait notre planète, nous l'apercevions à travers les orifices de la voûte céleste, comme autant d'étoiles.

Mais haïr, non. L'Œdipe, la castration et autres fariboles, s'ils étaient réalité, j'y avais échappé, n'ayant pas de parents auprès de moi. Bien sûr, je n'avais rien réglé avec mes peurs et mes rancunes enfantines ; mais la terreur de la mort était telle, qu'il n'y avait pas place pour d'autres sentiments.

Les nazis m'inspiraient une peur plus réelle, plus immense, que le déferlement de tous les océans. Ils engloutissaient tout : vie, croyances et spiritualité, maisons, cathédrales et temples. Aussi je n'arrivais même pas à les haïr ; pour éprouver ce sentiment, il m'aurait fallu au moins vivre. A-t-on le temps de haïr les raz-de marée, les cyclones, les tempêtes ? On les subit, on tente de survivre, on réfléchit ensuite.

Et je n'étais pas loin de croire que tout ce qui m'était arrivé, je l'avais un peu mérité. Il est bien admis que quelle que soit la situation, un parent, un frère ou une sœur morts de manière dramatique, les enfants restants culpabilisent.

Cependant se laisser-aller au nihilisme de la haine équivalait à détruire. Si je haïssais cette femme, ma belle-mère, je me détruisais en même temps.

Toute mon enfance et mon adolescence, un seul désir conscient m'a animée : naître à la vie et non pas me détruire. Si par moments la haine me frôlait, si je sentais l'agressivité monter en moi, si une bouffée de violence m'envahissait, la bulle éclatait aussi vite qu'elle s'était formée. Je n'étais pas faite pour ces forces telluriques qui balaient tout.

A cette époque, vivant au foyer de mon père, je n'avais même plus mes compagnes de pension et leur émouvante fraternité. Plus rien ne me souriait. Dans ces conditions, je crus bon d'ignorer cette femme que mon père avait épousée, qui ne m'était rien qui traversait ma vie comme par inadvertance.

Ce fut une période sans joie, ni plaisir, ni gaîté. Cependant, il n'était pas question de me laisser aller. Je grandissais, il fallait m'adapter. À l'obsession de l'abîme, je préférais l'envolée vers l'Éternité, vers le ciel étoilé, vers l'aube blanche, vers ces galaxies éclatées, belles nébuleuses dans le ciel d'été. Je courais, vers quoi ? Vers la mort ? Vers le non-être qui m'attirait et en même temps me déchirait d'horreur ?

Pourtant, je vous le répète, j'aime la vie.

Réaliser, à dix-sept ans, que nous ne traversons l'existence que comme une conscience d'Éternité ? Impossible. Étais-je un clown sur cette terre puisque chacun se riait de moi, puisque j'avais tant de mal à m'adapter à la réalité dont je voulais et dont je ne voulais pas. Étais-je morte avant que d'être née ? Alors, il me fallait renaître.

Lutter en permanence contre cette force destructrice qui se transformait en eczéma était tâche difficile. Sans mon petit bleuet que j'avais eu l'imprudence d'arracher, mon corps décompensait et se couvrait de pauvres fleurs, dont je me serais bien passée.

*

* *

Et puis une évidence : sur les adultes, je ne pouvais pas compter. Mais inversement, plus jamais je ne pourrais dire : c'est de leur faute, ainsi qu'à l'univers, à la société, à Hitler, ou à Voltaire.

À mon tour, j'allais vers l'âge adulte, tout dépendait de moi et de moi seule : erreur ou bonheur, harmonie, plaisir ou déplaisir. J'étais officiellement pupille de la Nation, mais je ne voulais pas être une assistée. J'étais tout à fait consciente que le problème majeur de l'émigration était de s'intégrer. Si mes parents avaient perçu qu'il y avait un danger vital à se fixer en France, ils auraient peut-être essayé d'aller plus loin. Sans argent, ils tournaient en rond en Europe. Sans travail comment nourrir toute une famille ? De là à imaginer que la France les livrerait aux bourreaux nazis, ce n'était pas concevable. Et pourtant ce fut.

Mon intelligence, il faudrait bien que je la développe ; les synapses de mes neurones pourraient peut-être entrer en contact et mes cellules grises se mettre à clignoter.

Peut-être apprendrais-je la musique, les langues, la médecine, l'histoire. Peut-être qu'en essayant un peu pourrais-je tout effleurer, mais en me méfiant de ne pas devenir Bouvard ou Pécuchet.

Si je refusais la haine, peut-être me resterait-il quelque peu d'agressivité pour entreprendre ce que je me promettais. Freud, au secours ! Je sublime.

*

* *

Pour l'heure, les problèmes scolaires étaient les plus brûlants.

A la fin de la troisième que je redoublais, le conseil de classe décida, trancha : sélection. Le mot était jeté, j'étais sélectionnée. Non pas pour un festival, même pas pour une orientation, une formation. Les instances supérieures avaient décidé que je n'étais pas faite pour la scolarité. Dix-sept ans, un charmant regard, deux ans de retard…

Sélection : lorsque ce mot est prononcé, un frisson me saisit, je me sens envahie de peur, et je me demande ce qui va m'arriver. Ce mot, je l'avais entendu à dix ans, prononcé en d'autres circonstances, et il me faisait frémir. Qu'allait-on décider ?

Vie active, quel est le sens de ce mot ? Que veulent dire les professeurs ?

– Il est préférable que vous alliez travailler.

Mais je ne suis pas encore née, le monde de l'enfance m'habite encore, et aller travailler !

Qui en a décidé pour moi ? Je veux apprendre, je veux étudier, car j'ai compris que là est ma sécurité. Comprendre le monde.

Le conseil de classe présidé par Mme V., professeur de français, professeur principal, Légion d'honneur, en a décidé autrement dans sa toute puissance. Le couperet est tombé.

Ces grandes personnes, que savent-elles de moi ? Cette femme, qu'a-t-elle entendu du cri que j'ai émis, une fois dans une copie ? Je pense avoir évoqué ma situation. Elle n'a rien entendu. Ou plutôt si ! Elle m'a appelée à son bureau, au moins cette fois-là. Mais, debout, devant toute la classe, je n'ai rien pu dire.

Comment comprendrait-elle mon refus de vivre une vie sans attrait ? Je veux vibrer, je veux apprendre, je veux connaître et réaliser mes possibilités, non pas vivoter.

– Deux ans de retard : vie active.

– Vous dites que mes possibilités sont limitées, que je suis un être borné. Qu'en savez-vous, tant que je n'ai pas essayé ? Je veux faire des études.

– Impossible, deux ans de retard, vie active.

– Mais qu'est-ce deux ans de retard par rapport à l'Éternité ?

– Ce n'est pas dans les normes, ni prévu par le règlement.

– Qui doit décider, vous ou moi ?

– Nous les adultes, le conseil de classe, nous savons ce qui est bon pour vous.

– Alors un être humain avec deux ans de retard est interdit de pensée ? Ai-je un mot à dire, va-t-on m'écouter ?

Non, certes pas, la boucle est bouclée. On me met à la porte sereinement.

Pour mes dix-sept ans, le monde des adultes est un monde effrayant. Leur vocabulaire ne me semble pas plus riche que le mien.

– Sélection,

– Rentabilité,

– Armée,

– Activité,

– Avenir bouché.

J'aurais plutôt aimé :

– Myosotis,

– Azur,

– Fidélité,
– Compréhension,
– Affection,
– Confiance.

Ce que je saisis surtout, c'est que je ne peux compter sur eux. Jamais un seul ne m'épaulera. Adulte, je le deviendrai, à ma façon. Des études, j'en ferai, que cela leur plaise ou non et de préférence, je choisirai les plus longues.

Derrière l'apparence du monde des adultes, je sentais instinctivement ce que plus tard je reconnaîtrai comme l'histoire de l'humanité, la mythologie. Mais dans mon innocence et ma spontanéité, je n'en voulais pas, je la trouvais laide, elle tuait. Je n'en étais qu'aux contes de fées et à leurs envolées. Les adultes me parlaient anéantissement et destruction et j'entendais renaissance et reconstruction. Nous ne pouvions nous entendre.

N'avaient-ils pas la faculté de comprendre qu'un mot, un regard, auraient pu suffire pour que la fontaine scellée se mît à couler ?

Je ne cherchais, je ne cherche ni les honneurs, ni les pouvoirs, mais seulement la certitude d'exister, de savoir ce qui nous fait tourner. Oui, cela me plaisait. Comprendre.

Mais lorsqu'au sortir de l'adolescence vous prenez conscience de l'importance de vos lacunes, de votre inculture, même si vous avez le feu sacré, vous êtes anéantie. Peut-être que plus tard, j'en parlerai.

Pour mettre de l'ordre dans ce chaos informe, il fallait passer par les études, mais quand les adultes font barrage de tous côtés, il est difficile de trouver une issue. Seule, je savais que je ne pourrais y parvenir, mais mes maîtres, je les choisirais.

Pour l'instant, je n'avais pas d'autre choix que de plier. Ma belle-mère avait, semble-t-il, tout pouvoir. Elle décida que je serais préparatrice en pharmacie. Ce n'était pas mon désir, mais ma tante de Bruxelles, que j'adorais, se sachant très malade, m'avait conseillé de ne pas avoir trop de prétentions – mon retard était trop important. Si celle que j'aimais tant me donnait un tel conseil, c'est que mon destin était écrit. Aussi j'obtempérai.

Pendant une quinzaine de jours, bien sagement, je fis tout ce qui m'était demandé. Je pris le métro chaque matin pour aller jusqu'à la gare St Lazare. La pharmacie « Le Coq », je ne sais si celle-ci existe encore. Là, se joua un moment important de ma vie, qui me fit comprendre combien il fallait savoir entendre ceux qui émettent des ondes positives, qui ont un vrai désir d'aider. Il faut ensuite savoir saisir sa chance, c'est important. C'est ce que je fis. Je restai dans l'arrière pharmacie, à triturer des produits dans un mortier, comme cela se faisait à cette époque. Bien sûr, aucun contact avec la clientèle n'était possible.

Le quinzième jour, le pharmacien arriva, le matin, avec un petit livre, un petit vade-mecum comportant toutes les professions envisageables avec un BEPC. Il prononça ces simples mots : « Vous pouvez faire mieux ». Je l'ai regardé, les yeux embués de larmes, et je lui ai simplement dit : « Merci ».

Je ne suis jamais retournée à la pharmacie. C'était la première fois qu'un adulte me faisait confiance et croyait à mes possibilités.

Je rentrai chez mon père, je n'ose pas dire chez moi, et avec mon petit livre, qui n'était pas rouge, je me mis à répéter comme un leit-motiv : « Je peux faire mieux ». Scène de ménage entre mon père et ma belle-mère ; cette fois-ci mon père me soutint jusqu'au bout. Il sentait comme moi que quelque chose d'important se jouait. J'ai pu ainsi reprendre des études.

Je me mis à lire, étudier, chanter, vibrer, travailler. C'était difficile, bien sûr, tout comprendre en un rien de temps. Rattraper ces années que l'on disait perdues.

Je lis en diagonale pour aller plus vite. Dans ces conditions la synthèse devient difficile. M. Freud dit que je suis castrée et que je dois être triste. Je me trouve entière physiquement. La frustration, la perte, je connais. Je vis avec depuis si longtemps. Mon problème est autre, il est simplement d'exister.

Je lis tellement vite le bon docteur que je le comprends à l'envers. Je traduis que je sublime tant et plus, alors qu'il dit le contraire. Mais là, il m'a rendu service.

Mon surmoi qui était plus avisé que mon moi me suggéra de commencer par le commencement et de re-naître.

Ma mère était morte, combien de fois, je ne sais, j'avais aussi participé à sa destruction. Mais elle était morte, je ne pouvais faire qu'il en soit autrement, c'était irréversible. Il me fallait vivre, mais pas comme on me le proposait. Pour cela, il m'était indispensable d'éliminer tout ce qui me limitait, m'encombrait, essentiellement ces terreurs enfantines qui avaient freiné mon entendement. Je m'étais structurée avec ce qui m'avait été donné, c'est-à-dire peu de chose.

Maintenant, je devais, seule, prendre, écouter, voir, goûter. Et d'abord il me fallait naître.

Aidée par ce formidable viatique du pharmacien, avec le soutien de mon père, de mes frère et sœurs, nous nous mîmes à décortiquer ce petit livre afin de trouver une possibilité. Nous passâmes en revue bien des métiers, tous devaient correspondre à une fonction soignante. Sans le formuler, je comprenais qu'en soignant les autres je me soignais. De toute ma carrière, je ne quitterai pas l'hôpital, il sera toujours pour moi un grand élément de protection. Je choisis ainsi les études qui se présentèrent, ce n'était probablement pas un hasard : je devins sage-femme, je ne pouvais rêver de meilleure thérapeutique. Ma profession s'ouvrait cependant par un concours d'entrée à l'école des sages-femmes et mon niveau d'études était très faible. À force de travail, je fus reçue deuxième. Mon envie d'étudier était tellement forte, que ce qui pouvait me sembler incompréhensible quelque temps plus tôt, en physique et autres matières, s'éclairait à force d'heures passées sans compter sur les livres ; mes yeux se dessillaient, les brouillards se levaient.

Puis, tout en travaillant comme sage-femme, dans un grand hôpital parisien – sept à quatorze accouchements par vingt-quatre heures ! – j'entrepris les études d'auxiliaire d'anesthésie. C'était grisant. Cette spécialité me mettait en contact avec le non-être. J'aidais les individus à s'endormir et à se réveiller, à mourir et à renaître, j'étais l'apprenti sorcier. Il est difficile d'échapper aux mythes.

Je ne sortais pas ou peu, la profession était peu rémunérée et je préférais les livres. Aussi pendant mes heures de loisir, j'étudiais la physique et la chimie que je n'avais jamais abordées en classe.

Puis il me fallut la médecine ; je n'en savais pas assez…

Atomes, matière, électrons, molécules, acides aminés, animés, et chromosomes. Biologie végétale, minérale et animale. Puis l'étude du corps humain. Et comprendre, comprendre, surtout échanger. Repousser le plus loin possible la mort ; combattre, se battre pour la vie, pas pour détruire. Écouter et non pas imposer.

Je me façonnais. Tel le potier travaillant l'argile, il me fallait toucher. Pour comprendre, il me fallait faire.

Ainsi, lorsque je voulus mettre à jour ma relation à l'élément eau, n'étant ni poète, ni écrivain, ni musicienne, il me fallut trouver une solution et sans savoir nager, je partis aux Glénans.

Je ne veux plus être un bateau fou sur l'eau. Je ne veux plus être ballottée telle une coque de noix. Je ne veux plus m'échouer. Seule solution, apprendre à barrer.

Au « centre des Glénans » ai-je appris à faire le point ? À prendre un alignement ? À tenir une écoute ? J'ai surtout appris à faire, à respecter les éléments et la force des vents. À respecter les autres tout en me respectant. J'ai vu le soleil se lever dans l'Aube blanche, monter dans l'azur, me réchauffer en faisant fondre mes défenses.

L'astre se couchera de toute façon une fois le temps écoulé. Inexorablement. Je le verrai, disque rouge, enluminé de nuages noctuliniques, plonger dans les flots, dans l'océan profond.

– Lève-toi, vent du nord
– Accours, vent du midi
– Soufflez sur mon parterre
– Pour que se répandent mes parfums
– Qu'il entre mon aimé, dans son jardin
– Qu'il en goûte les fruits exquis.

Cantique des Cantiques
4-16

Deux regards se croisent et s'attirent. Des puissances en nous sont prêtes à s'élancer, à fusionner pour perpétuer la vie ; pour participer à l'éternel enfantement.

Arriva le jour où ma joie éclata. Une nouvelle vie était en moi. Pendant quatorze jours, je m'étais un peu inquiétée. Cet enfant, je le désirais. Ambivalence ou pas, le désir était là très fort. Ce n'était encore qu'un pâle frémissement, tout pouvait s'arrêter.

Je l'imaginais déjà, ma Natacha, car c'était une fille, ses deux nattes rousses rebiquant au-dessus de ses oreilles. Son visage parsemé de petits points, tels les boutons d'or égaillant la prairie. Une deuxième viendra, une force tranquille, un vrai petit dauphin.

Je me trompais peut-être, il fallait se raisonner, ce serait aussi bien un petit Bruno avec des yeux de braise et des cheveux plantés dru comme le sont certains, dans le centre de la France.

Il fallait attendre pour annoncer la nouvelle. La tradition le voulait.

Cependant au dix-septième jour de cette frêle vie, mon père décida de nous quitter. Depuis son retour des camps, il n'avait jamais recouvré une bonne santé. À quarante-quatre ans, dans les années 50, une panvascularite s'était installée et il présentait des accidents vasculaires de plus en plus rapprochés et de plus en plus destructeurs. Cependant il avait attendu jusqu'à ce jour-là, où il se trouvait dans une demi-conscience.

Je voulais lui annoncer la nouvelle, mais verbaliser me fut impossible. Nous n'en avions pas l'habitude. La pudeur m'en empêcha.

Par ailleurs, il n'était plus présent que par moments. Il avait quelque chose à dire qui ne s'adressait pas à moi.

Je pense depuis ce jour-là, que je n'aurais pas pu lui chanter de plus beau requiem, ni lui faire plus beau cadeau, que de lui dire :

– Dors, mon père, ton souffle est là, il passe en moi. Ce souffle, tel le son sorti d'une flûte antique, d'un fin roseau de Grèce ou des hauts plateaux péruviens. Cette vibration si peu perceptible, je sais qu'elle est là, en moi. Ne crains rien, j'ai forcé dans le sprint final. Je me suis entraînée juste ce qu'il faut pour attraper le relais. La flamme ne s'est pas éteinte, elle est petite, elle vacille encore. Je vais l'entretenir, c'est un des rôles millénaires de la femme.

Alors toi, mon père, ayant perçu cette certitude de victoire sur les nazis – la vie perdurait – tu cessas de respirer.

1er Post-scriptum

– Bonjour et au revoir.

–

– Je vous quitte. Plutôt que de hurler son nom dans la rue, plutôt que de continuer à m'arracher les bras de douleur, je me suis offert cet énorme luxe, une analyse et pas des plus faciles, une lacanienne.

– J'ai pu te nommer, ma mère, de si nombreuses fois, j'ai pu ainsi te faire vivre, même si je ne connaîtrai jamais ta voix.

J'ai pu te définir comme morte et ainsi me libérer, moi, d'une certaine mort. J'ai admis la frustration immense, j'ai accepté de perdre, de ne plus faire semblant, ce qui me lançait dans une fuite éperdue, compensant le manque par une boulimie de savoir, que je ne regrette pas par ailleurs. J'ai laissé pénétrer en moi la vraie vie. Peut-être vais-je maintenant vers plus de connaissance, laissant surgir l'intuitif; mon corps suit son vieillissement normal.

Pour moi, « *AU COMMENCEMENT ÉTAIT LE VERBE* ». Parole qui fut libératrice.

– Au-revoir, je décide ce jour que je ne reviendrai plus, sauf si…

2eme Post-scriptum

On me dit que je ne sais pas écrire. D'accord, je suis soumise, hum! C'est pour cela, ma mère, que j'ai mis si longtemps à te dire ce que j'avais au fond de moi.

Et puis un jour, je ne sais pourquoi, une fibre se mit à vibrer, et j'entendis les harmoniques qui me parlaient de toi. Si d'autres écrivaient, pourquoi pas moi?

Alors une animation fébrile m'agita. J'écrivis un mot à moitié, puis deux, puis trois. La glace fondit. Le premier rayon du printemps pénétrait en moi. C'était la fonte des neiges. Le petit filet d'eau allait grossissant, roulant les cailloux, les polissant, les faisant tout blancs. Le flot devenait tumultueux, arrachant touffes d'herbes et mottes de terre, éclatant les pierres. J'étais déracinée, pourquoi pas elles? Je devenais torrent, et méchante avec ça. Je ne savais plus ce que je faisais. Je débordais, j'inondais les rives tranquilles. Puis le flot s'apaisa, j'étais fleuve, les mots venaient à un rythme régulier, chant d'amour en hommage au printemps.

*

* *

Voilà, c'est fini, tu es là comme il se doit! Mes mots te font exister. J'ai transmis le peu que je savais de toi. Mes enfants, Nathalie et Delphine, sauront qui tu es.

Tu es inscrite dans la mémoire de l'humanité.

Ne crains rien. S'il y a de beaux cimetières sur cette terre et bien que tu n'y reposes pas, ton nom, Sarah, est maintenant gravé sur la tombe où repose Abram à Ivry.

J'ai aussi trouvé ton nom, là-bas en Israël, inscrit sur une pierre, dans la vallée de Ha Héla où David vainquit Goliath.

Et si ton corps est parti en fumée, ton Ka est là dans cette complainte près de moi.

Je t'ai enfantée.

Tu vis.

Bourg-la-Reine le 01/07/03

P. S.

Le jour où je mettais le point final à ce récit, me parvinrent des photocopies de lettres écrites par ma mère soixante ans plus tôt, avant la guerre, et dont je ne connaissais pas l'existence. Hasard ?

Cet ouvrage a été édité par
la Société des Écrivains
147-149, rue Saint-Honoré 75001 Paris
Tél. : 01 39 08 05 38 Fax. : 01 39 75 60 11
www.societedesecrivains.com

Imprimé en France

Dépôt légal 2e trimestre 2004.

ISBN 2-7480-1662-9